Christian Lüdecke

IT-Integrationsprozesse bei M&A-Transaktionen

Lüdecke, Christian: IT-Integrationsprozesse bei M&A-Transaktionen, Hamburg, Igel Verlag RWS 2015

Buch-ISBN: 978-3-95485-278-9
PDF-eBook-ISBN: 978-3-95485-778-4
Druck/Herstellung: Igel Verlag RWS, Hamburg, 2015

Bibliografische Information der Deutschen Nationalbibliothek:
Die Deutsche Nationalbibliothek verzeichnet diese Publikation in der Deutschen Nationalbibliografie; detaillierte bibliografische Daten sind im Internet über http://dnb.d-nb.de abrufbar.

© Igel Verlag RWS, Imprint der Diplomica Verlag GmbH
Hermannstal 119k, 22119 Hamburg
http://www.diplomica.de, Hamburg 2015
Printed in Germany

Inhaltsverzeichnis

Bilderverzeichnis

Tabellenverzeichnis

Abkürzungs- und Akronymverzeichnis

AG	Aktiengesellschaft
AktG	Aktiengesetz
ARD	Arbeitsgemeinschaft der öffentlich-rechtlichen Rundfunkanstalten der Bundesrepublik Deutschland
ARIS	Architektur integrierter Informationssysteme
AWS	Anwendungssystem
BGB	Bürgerliches Gesetzbuch
BSI	Bundesamt für Sicherheit in der Informationstechnik
bzgl.	bezüglich
bzw.	beziehungsweise
ca.	circa
CAD	Computer Aided Design
CBV	Capability-based View
CEO	Chief Executive Officer
CD(-R)	Compact Disc (-Recordable)
CIO	Chief Information Officer
CRM	Customer Relationship Management
DBMS	Datenbankmanagementsysteme
DIN	Deutsche Industrienorm
dt.	(zu) deutsch
DV	Datenverarbeitung
EG	Europäische Gemeinschaft
ERP	Enterprise Resource Planning
et al.	et alii (und andere)
etc.	et cetera
F&E	Forschung und Entwicklung
Hervorh.	Hervorhebung
HP	Hewlett Packard
i. d. R.	in der Regel
i. d. S.	in dem/diesem Sinne
i. e. S.	im engen Sinne
i. S. v.	im Sinne von
i. w. S.	im weiten Sinne
IBM	International Business Machines Corporation
IKT	Informations- und Kommunikationstechnologie
Inc.	Incorporated
IP	Internet Protocol
IPO	Initial Public Offering
IS	Informationssystem
ISM	Information-Systems-Management

IT	Informationstechnologie
IuK	Information und Kommunikation
IV	Informationsverarbeitung
KBV	Knowledge-based View
Kfz	Kraftfahrzeug
KPMG	Klynveld, Peat, Marwick und Goerdeler
LAN	Local Area Network
M&A	Mergers and Acquisitions
MBV	Market-based View
o. g.	oben genannte(n)
PCC	Process Capability Control
Pkw	Personenkraftwagen
PM	Projektmanagement bzw. Projektmanager
PMI	Post Merger Integration
PO	Project Office
PS	Project Sponsor
PwC	PricewaterhouseCoopers
RBV	Resource-based View
ROI	Return on Investment
RWE	Rheinisch-Westfälisches Elektrizitätswerk
SCM	Supply Chain Management
SLA	Service Level Agreements
SPD	Sozialdemokratische Partei Deutschlands
SWOT	Strengths Weaknesses Opportunities Threats
TCP	Transmission Control Protocol
u. ä.	und ähnliche
UmwG	Umwandlungsgesetz
USA	United States of America
vgl.	vergleiche
WAN	Wide Area Network
WLAN	Wireless Local Area Network
WpÜG	Wertpapierübernahmegesetz
WTO	World Trading Organization
z. B.	zum Beispiel

1 Einleitung

Dieses Kapitel gibt einen ersten Einblick in den Zusammenhang der Informationstechnologie (IT) und Mergers & Acquisitions (M&A).[1] Darauf aufbauend wird die Relevanz von Mergers & Acquisitions sowie die momentane Problematik des IT-Integrationsprozesses bei M&A-Transaktionen dargestellt (Kapitel 1.1) und ein Arbeitsziel definiert (Kapitel 1.2).

1.1 Problemstellung

Bereits im Oktober 2007 hat das weltweite Fusionsvolumen bei Unternehmen branchenübergreifend ein neues jährliches Rekordvolumen von drei Billionen US-Dollar erreicht (Köhler und Eck 2007). Fusionen sind zu einem alltäglichen Geschäft geworden. Tageszeitungen und Wirtschaftsmagazine haben im Hinblick auf das in der Historie intervallartige verstärkte vielleicht oft krankhaft euphorisch erscheinende Auftreten von Fusionen den Begriff der *„Fusionitis"* geprägt (Picot 2002a, S. 16; ARD 2006; Wels 2007). Aber längst hat sich neben dem Weltmarkt für Produkte und Dienstleistungen ein Markt für Unternehmen entwickelt (Picot 2002a, S. 3). Die Aktivitäten auf diesem Markt werden in der Literatur im Allgemeinen mit dem englischen Begriff *„Mergers and Acquisitions"* beschrieben, was sich für ein erstes Verständnis mit *„Unternehmenszusammenschlüsse und -übernahmen"* ins Deutsche übersetzen lässt (Picot 2002a, S. 19).

Die Motivation, auf diesem Markt tätig zu werden, liegt nach SEIDENSCHWARZ (2006a, S. 3) in den jeweiligen strategischen Unternehmenszielen. Mergers & Acquisitions werden heute als „[…] zentrales Instrument der strategischen Unternehmensentwicklung […]" angesehen, um auf in- und externe Einflussfaktoren, z. B. politische und technologische Veränderungen, Globalisierung, Veränderungen der Wertschöpfungskette sowie Share- und Stakeholder Value, angemessen reagieren zu können (Seidenschwarz 2006a, S. 2-3). SEIDENSCHWARZ (2006a, S. 13) schreibt in

---

[1] Im weiteren Verlauf der Arbeit werden die Begriffe *„Mergers & Acquisitions"* sowie *„Informationstechnologie"* als alleinstehender Ausdruck ausgeschrieben. Bei mit einem Bindestrich zusammengefügten Wörtern oder sonstigen sprachlichen Verknüpfungen wird die gebräuchliche Abkürzung *„M&A"* bzw. *„IT"* verwendet (z. B. M&A-Transaktion oder IT-System).

diesem Kontext auch von einer obligatorischen „[...] Notwendigkeit der Konsistenz zwischen M&A-Vorhaben und übergreifender Unternehmensstrategie [...]".

Als primäre Fusionsziele lassen sich somit die Stärkung der Wettbewerbsposition, die Erzielung von Synergieeffekten und der Zukauf von neuen Technologien ausmachen (Picot 2002a, S. 22). Der dementsprechende gewünschte Eintritt dieser Ziele wird dabei von diversen qualitativen und quantitativen Risiken innerhalb eines M&A-Projektes beeinflusst. Um diese im Vorfeld zu identifizieren, bedienen sich die Fusionspartner der *Due Diligence* (Robert 2002, S. 14). Diese umfasst eine detaillierte Unternehmensanalyse unter vorher festgelegten Schwerpunkten hinsichtlich der Stärken und Schwächen des Zielobjektes. Folglich hat sie zum Ziel, die wesentlichen Einflussfaktoren für eine Verhandlungsgrundlage beider Parteien für eine geplante M&A-Transaktion aufzuzeigen (Blöcher 2002, S. 31).

Problematisch erweist sich aber an dieser Stelle, dass in Intervallen verstärkter Fusionsaktivitäten Manager und Berater immer weniger Zeit von der Unternehmensleitung zugewiesen bekommen, um eine umfangreiche Due Diligence durchzuführen (Picot 2000, S. 49). Ausgehend von diesem Basisproblem in der Planungs- und Durchführungsphase, lässt sich das spätere Ausbleiben von Synergieeffekten auszugsweise noch auf weitere Faktoren beziehen (Vielba und Vielba 2006, S. 36-55):

- Zu große Abhängigkeit des Projekts vom Chief Executive Officer (CEO),
- keine Integration des Chief Information Officer (CIO),
- Vision wurde nicht klar oder gar nicht kommuniziert,
- Mangel an Strategie, grundsätzlicher Kommunikation, Verständnis von kulturellen Unterschieden und Sensibilität für Details
- Unterschätzen der Kosten und Komplexität,
- mangelhafte Umsetzungsplanung und Unterstützung sowie
- keine detaillierte Post-Merger-Planung.

Dabei sieht PICOT (2002a, S. 17-18) in der gegenteiligen Wirkung der o. a. Merkmale „harte" und „weiche" Erfolgsfaktoren, die in der wichtigen Integrationsphase starken Einfluss auf den Erfolg eines M&A-Projektes haben. Eine weitere entscheidende, aber bisher wenig beachtete Sichtweise ist, dass diese Faktoren Implikationen für die Informationstechnologie beinhalten.

Viele Veröffentlichungen in dem Bereich der Mergers & Acquisitions beobachten und beschreiben die Transaktionen aus wirtschaftlicher, finanzieller, rechtlicher, steuerlicher, umwelttechnischer oder kultureller Sicht (Heisse 2006, S. 70-72). Die Perspektive der Informationstechnologie in diesem Bezugsrahmen findet erst seit kurzer Zeit Beachtung. Eine dahingehende Orientierung ist aber unerlässlich, da sich die Informationstechnologie in den vergangenen 40 Jahren vom Automatisierungs- und Rationalisierungsinstrument hin zu einem wertsteigernden, geschäftsprozess-unterstützenden und -optimierenden Element innerhalb der Geschäftsstruktur entwickelt hat (Tiemeyer 2006, S. 9-10). Diese Entwicklung lässt sich auch in der in Kapitel 2 vorgestellten Studie von PRICEWATERHOUSECOOPERS (2000) feststellen. VIELBA und VIELBA (2006, S. 3) gehen außerdem davon aus, dass die anteiligen IT-Kosten bis zu 50 % der gesamten M&A-Integrationskosten ausmachen können und somit die Informationstechnologie schon in den ersten Phasen des M&A-Projektes eine übergeordnete Rolle im M&A-Management spielen muss.

1.2 Ziel der Arbeit

Basierend auf den in Kapitel 1.1 geschilderten Sachverhalten, setzt sich diese Arbeit zum Ziel, die IT-Integration bei Mergers & Acquisitions vom heutigen Standpunkt aus detaillierter zu betrachten und auf der Grundlage von im Verlauf dieser Untersuchung getroffenen Annahmen ein Vorgehensmodell in diesem Rahmen vorzustellen. Aufgrund der vielseitigen Verwendung der Termini *„Mergers & Acquisitions"* und *„Informationstechnologie"* müssen diese aber zunächst in einem arbeitsspezifischen Kontext abgegrenzt werden (Kapitel 2). Weiterhin bietet auch der Begriff der *„Integration"* verschiedene Interpretationsweisen. Die Betrachtung der Integration in Kapitel 3 dient als Rahmenkonzept, um Mergers & Acquisitions auf der einen und die Informationstechnologie auf der anderen Seite zusammenzuführen. Das Ziel an dieser Stelle wird sein, ein untersuchungsspezifisches Integrationsverständnis für die Informationstechnologie bei Mergers & Acquisitions zu definieren. Auf dieser Grundlage lassen sich anschließend verschiedene Beiträge zum Thema dieser Arbeit basierend auf den Untersuchungen von KROMER (2001) analysieren, so dass ein Status-Quo über den Forschungsstand zur IT-Integration bei Mergers & Acquisitions abgegeben werden kann. Die daraus gewonnen Erkenntnisse dienen anschließend dazu, ein geeignetes Vorgehensmodell zu identifizieren, um einen IT-Integrationsprozess bei Mergers & Acquisitions zu skizzieren.

2 Terminologische Grundlagen

Mergers & Acquisitions können als Sammelbegriff für Instrumente strategischer Entscheidungen auf Unternehmensebene, die im Zusammenhang mit dem Erwerb und der Veräußerung von Unternehmen sowie Kooperationen, Fusionen oder Akquisitionen stehen, angesehen werden (Gösche 1991, S. 11). Sie werden dennoch selten in Veröffentlichungen zur Einführung in die Betriebswirtschaftslehre näher erläutert. Wenn eine Einführung und Begriffsklärung expliziert wird, ist sie meist stark geprägt durch den Hintergrund der jeweiligen Autoren (Jansen 1998, S. 29). Zu Beginn der Arbeit ist es deshalb erforderlich, das Themengebiet der Mergers & Acquisitions in einem arbeitsspezifischen Kontext genau abzugrenzen, um in Kapitel 3 entsprechende Rahmenbedingungen festzulegen. Auf eine detaillierte Betrachtung der finanzwissenschaftlichen, steuerlichen und (wirtschafts-)rechtlichen Perspektiven wird in diesem Zusammenhang weitestgehend bewusst verzichtet, da sie zur IT-Integration zu geringe Schnittmengen aufweisen.

Ausgehend von einer Betrachtung der Mergers & Acquisitions folgt eine anschließende Vorstellung und Abgrenzung der Informationstechnologie. Anhand der verschiedenen Methoden und Werkzeuge des IT-Managements werden in dieser Arbeit Möglichkeiten aufgezeigt, wie die Informationstechnologie bei M&A-Transaktionen integriert werden kann.

2.1 Mergers & Acquisitions

Unternehmenszusammenschlüsse sind und waren immer von großer welt- und volkswirtschaftlicher Bedeutung (Kapitel 1.1). Historisch betrachtet sind von Ende des 19. bis Ende des 20. Jahrhunderts fünf zyklische Intervalle mit verstärkter Fusionsaktivität zu beobachten. Diese sind „[…] von technologischen Fortschritten, politischen Veränderungen oder Managementtrends begründet und bisher alle mit einem Börsencrash beendet [wurden.]" worden (Wirtz 2003, S. 88-91). Demnach folgt auf Zeiten mit volumenmäßig hoher M&A-Aktivität stets eine volkswirtschaftliche Rezession. Durch zahlreiche Ereignisse in der jungen Vergangenheit (unfreundliche Übernahmen, strategische Allianzen, EG-Binnenmarkt, Triaden-Theorie, Internet-Boom u. ä.) sind Unternehmenszusammenschlüsse wieder stark in das allgemeine Bewusstsein gerufen worden. HOPFENBECK (2000, S. 245) stellt in diesem Zusammenhang neben den Übernahmewellen auch eine deutliche Zunahme bei den Kooperationsformen (Gemeinschaftsunternehmen, Joint Ventures, Minderheitsbeteiligungen u. ä.) zwischen Unternehmen fest. Die Globalisierung der Märkte ermöglicht, dass Partner für Übernahmen und Kooperationen weltweit gefunden werden können. Dabei basiert die Entscheidung zwischen diesen beiden Formen auf der strategischen Ausrichtung des Unternehmens (Wachstums-, Wettbewerbsvorteils- und Wertsteigerungsstrategie) und der Überlegung, dass diese Ziele mit eigenen Ressourcen allein nicht erreicht werden können (Hopfenbeck 2000, S. 245).

In diesem Zusammenhang hat sich der Begriff „*Mergers & Acquisitions*" manifestiert. Er beschreibt für HOPFENBECK (2000, S. 310) allgemein „[…] alle Aktivitäten, die im Zusammenhang mit Erwerb bzw. Veräußerung von Unternehmens/-teilen […]" und weiter gefasst auch mit Formen der Desinvestition/Spin-Off oder Sanierung stehen. Die dementsprechende komplexe Natur von Mergers & Acquisitions hat dazu geführt, dass sie bisher in zahlreichen wirtschafts- und rechtswissenschaftlichen, organisationstheoretischen, finanzwissenschaftlichen sowie kartell- und steuerrechtlichen Publikationen untersucht wurden (Wirtz 2003, S. 7).

Die aufgezählten wissenschaftlichen Herangehensweisen bieten aber keine einheitliche Definition bezüglich der Begrifflichkeit, Formen und Ausprägungen von Mergers & Acquisitions. Kartelle, Joint Ventures, strategische Allianzen und Fusionen können ebenso zu dem Themengebiet gezählt werden wie im weiteren Sinne Unternehmenssicherungen und –nachfolgen, Management Buy-In und Buy-Out, Börsengänge/IPO, Umwandlungsmaßnahmen und Restrukturierungen (Hopfenbeck 2000, S. 310; Picot 2003a, S. 20-21; Wirtz 2003, S. 9). Dabei lassen sie sich durch verschiedene Charakteristika, z. B. strategische Grundausrichtung, Kooperations- und Integrationsintensität, Kosten, Kommunikationsbedarf, Risiko- und Beteiligungsgrad sowie rechtliche und steuerliche Ausprägung, voneinander abgrenzen (Meerkatt et al. 2004, S. 24; Seidenschwarz 2006a, S. 18-19). Wie es bereits in vielen Publikationen zu Mergers & Acquisitions üblich ist, machen die unterschiedlichen Erscheinungsformen somit eine frühzeitige Klärung der Begrifflichkeit des Themenkreises zu Beginn der vorliegenden Arbeit notwendig.

In einem ersten Schritt wird daher der Fokus auf den M&A-Begriff gelegt (Kapitel 2.1.1). Anschließend werden relevante Erscheinungsformen vorgestellt (Kapitel 2.1.2) und auf verschiedene wissenschaftliche Erklärungsansätze Bezug genommen (Kapitel 2.1.3). Die Darstellung der Chancen und Risiken (Kapitel 2.1.4) von M&A-Transaktionen sowie der M&A-Planungsphasen (Kapitel 2.1.5) bilden den Abschluss.

2.1.1 Der M&A-Begriff

Das ursprünglich angloamerikanische Begriffspaar „*Mergers and Acquisitions*" stammt aus der ersten Übernahmewelle (1895 – 1904) in den USA und wird inzwischen auch im deutschen Sprachgebrauch angewendet (Wirtz 2003, S. 10). DUDEN (2001) und BROCKHAUS (2007) übersetzen das Paar mit „*Fusion und Akquisition*" und beschreiben damit wie PICOT (2003a, S. 20) grundsätzliche Aktivitäten im Bereich der „*Unternehmenszusammenschlüsse und Unternehmensübernahmen*". Eine einheitliche Abgrenzung des M&A-Begriffs findet in der deutschsprachigen Literatur aber nicht statt (Gösche 1991, S. 11). PICOT (2003a, S. 20) sieht einen Grund dafür in der nicht einheitlich definierten Basis der deutschen Begrifflichkeit. Da eine genaue Abgrenzung der Termini „*Unternehmen*" bzw. „*Unternehmenskauf*" im deutschen Recht nicht existiert, sind die Versuche einer Begriffsbestimmung zahlreich. Aus zivilrechtlicher Perspektive definieren RÖDDER ET AL. (2003, S. 7) ein Unternehmen als „[…] eine selbstständige Organisations- und Funktionseinheit, die aus einer Gesamtheit von Sachen und Rechten besteht und in der Menschen, immaterielle Faktoren, tatsächliche Beziehungen und Erfahrungen mit dem Ziel zusammenwirken […] wirtschaftliche Aktivitäten zu entfalten […]". Die Betriebswirtschaftslehre sieht „[…] das Unternehmen als ökonomische Einheit der Gesamtwirtschaft, die […] auf eigene Rechnung und Gefahr zum Zwecke des Erwerbs betrieben wird" (Picot 2003a, S. 20). Diese Erläuterungen beruhen aber wiederum auf Annahmen und weiteren Begriffen, die ihrerseits einer genauen kontextspezifischen Definition bedürfen (z. B. Kauf und Verkauf von immateriellen Faktoren, Beziehungen und Erfahrungen). Ein weiterer Grund für eine nicht einheitliche Abgrenzung des M&A-Begriffes kann der Vorrang eines pragmatischen Vorgehens bei M&A-Transaktionen vor einer wissenschaftlichen definitorischen Exaktheit sein.

Selbst in der angloamerikanischen Literatur ist daher keine einheitliche Begriffsverwendung ausfindig zu machen. Einige Autoren verwenden die Fachausdrücke „*Mergers*" und „*Acquisitions*" synonym (Ansoff und Weston 1962, S. 56; Napier et al. 1989, S. 105), während andere sie getrennt betrachten und ihnen unterschiedliche Bedeutungen beimessen (Buono und Bowditch 1989, S. 18-19; Cartwright und Cooper 1992, S. 30).

Die dargestellte Uneinigkeit in der Begriffsdefinition bewirkt, dass der Term „*Mergers & Acquisitions*" in der globalen Wirtschaft gleichbedeutend für ein weites Themengebiet verwendet wird (Kapitel 2.1.1).

Die nachfolgende Tabelle 1 stellt in Anlehnung an WIRTZ (2003, S. 11) die Definitionsansätze (D1 bis D6) einiger Autoren zu Mergers & Acquisitions dar, um anschließend Gemeinsamkeiten für eine arbeitsspezifische Abgrenzung zu liefern.

Tabelle 1 Definition des M&A-Begriffs

Nr.	Autor(en)	Definition
D1	WILLERS und SIEGERT (1988)	„Unter M&A wird jede Form von externem Wachstum verstanden, wobei die Integrationsvarianten von Joint Venture/strategischen Allianzen über Beteiligungsmodelle bis zum 100 %-igen Kauf eines Unternehmens reichen können."
D2	BEHRENS und MERKEL (1990)	„Mergers und Acquisitions (M&A) sind Fusionen und Übernahmen von Unternehmen bzw. deren Teilbereichen oder Tochtergesellschaften."
D3	MÜLLER-STEWENS ET AL. (1999)	„M&A sind Transaktionen, die neben dem Transfer von Eigentumsrechten vor allem auch die Übertragung von Kontroll- und Leitungsbefugnissen an Unternehmen zum Gegenstand haben."
D4	ACHLEITNER (2001)	„Der Begriff der Mergers & Acquisitions (M&A) bezeichnet zunächst Transaktionen auf dem Markt für Unternehmen, Unternehmensteile und Beteiligungen. Nach allgemeiner Auffassung beschränkt sich der M&A allerdings auf den Erwerb und die Veräußerung von Unternehmen, Unternehmensteilen und Beteiligungen und die Eingliederung in den Unternehmensverbund des Erwerbers ggf. als Tochtergesellschaft (Acquisition) und die Verschmelzung (Fusion) zweier Unternehmen mit oder ohne vorherigen Anteilserwerb (Merger). […] Üblicherweise nicht im Bereich M&A anzusiedeln sind […] der Erwerb von Anteilen, die keine Leitungs- und Kontrollbefugnis gewähren (zum Beispiel stimmrechtslose Vorzugsaktien). Der Erwerb selbst größerer Beteiligungen, die ausschließlich der passiven Finanzlage dienen, wird ebenfalls nicht unter dem Begriff M&A subsumiert."
D5	VOGEL (2002)	„Der Begriff Mergers & Acquisitions schließt alle Transaktionen einschließlich der zugehörigen Dienstleistungen ein, welche die Übertragung strategisch induzierter und aktiv wahrzunehmender Kontroll- und Leitungsbefugnisse an Unternehmen bzw. entsprechender Rechte und Pflichten bei vertraglichen Kooperationen zum Inhalt haben."
D6	LUCKS und MECKL (2002)	„[…] M&A [kann] als Oberbegriff für Transaktionen verwendet [werden], die durch den Übergang von Weisungs- und Kontrollbefugnissen an Unternehmen auf andere Unternehmen gekennzeichnet sind. Die Trennung von Fusion und Akquisition nach der juristischen Begrifflichkeit wird […] nur dann wahrgenommen, wenn sich für den M&A-Prozess relevante Unterschiede ergeben."

Quelle: In Anlehnung an WIRTZ (2003, S. 11)

Bei einer vergleichenden Betrachtung dieser Definitionsansätze ist als zentrale Eigenschaft der Transaktionscharakter zu identifizieren (D3 bis D6), womit eine gestaltungsorientierte Sicht verbunden ist. Viele Begriffsbestimmungen weisen ergänzend eine ziel- und zweckbestimmte Perspektive auf, indem sie sich auf die Übertragung von Eigentumsrechten mit Weisungs- und Kontrollbefugnis beziehen (D3 bis D6). Weitere Ansätze sehen in Mergers & Acquisitions ein Instrumentarium der Unternehmensstrategie (D1, D5). Eine eher weite Auslegung integriert jedwede Dienstleistungsaktivität in diesem Bereich und berücksichtigt somit die Berater- und Bankenperspektive (D5), während eine andere Definition unterschiedliche Kooperationsformen einbezieht (D1).

Der Transaktionsansatz führt dazu, Mergers & Acquisitions als einen ganzheitlichen und phasenübergreifenden Prozess anzusehen, der einer allumfassenden Planung, Steuerung und Kontrolle bedarf. WIRTZ (2003, S. 12) bezieht sich auf diese Überlegungen und definiert in diesem Kontext das M&A-Management:

„Das M&A-Management umfasst den Prozess und das Ergebnis des strategisch motivierten Kaufs bzw. Zusammenschlusses von Unternehmen oder Unternehmensteilen und deren anschließender Integration oder Weiterveräußerung. Damit verbunden ist eine Übertragung der Leitungs-, Kontroll- und Verfügungsbefugnisse."

Dieser Ansatz berücksichtigt gleichermaßen die strategische Ausrichtung sowie die operative Umsetzungsproblematik innerhalb des M&A-Prozesses. Darüber hinaus umfasst diese Definition neben dem Akquisitions- und Integrationsmanagement auch das Demerger-Management, die Weiterveräußerung von Unternehmens(teil)bereichen nach Abschluss der Akquisitions- und Fusionsverhandlungen. Des Weiteren ergänzt sich die o. g. Definition mit den Ausführungen von JANSEN (1998, S. 29), Mergers & Acquisitions als einen Sammelbegriff zu verstehen, „[…] der sich auf Unternehmensebene zu einem Instrument strategischer Entscheidungen […] entwickelt hat."

Im weiteren Verlauf der Arbeit wird auf diese Begriffsbestimmung weiter Bezug genommen. Der verwendete Term des *„Unternehmenszusammenschlusses"* fand bisher keine klare Abgrenzung, weshalb im Folgenden die unterschiedlichen Ausprägungsarten vorgestellt werden.

2.1.2 Die M&A-Formen

Mergers & Acquisitions und Unternehmenszusammenschlüsse bezeichnen im weiten Sinne sämtliche vertragliche und kapitalrechtliche Verbindungen zwischen mehreren rechtlich und wirtschaftlich selbstständigen Unternehmen zu einer größeren Wirtschaftseinheit und zielen auf die Verfolgung gemeinschaftlicher wirtschaftlicher Interessen ab (Paprottka 1996, S. 5; Robert 2002, S. 4; Picot 2003a, S. 20-21).[2] Sie können anhand der Bindungsintensität und Art der verbundenen Wirtschaftsstufen klassifiziert werden (Hopfenbeck 2000, S. 252-255; Wöhe und Döring 2002, S. 302). Mittels des Systematisierungskriteriums der Bindungsintensität, die den Eingriffsgrad in die wirtschaftliche und rechtliche Selbstständigkeit der beteiligten Unternehmen darstellt, lassen sie sich in Kooperationen und Konzentrationen unterscheiden (Wöhe und Döring 2002, S. 302; Sperling 2007, S. 36-37):

---

[2] Der Begriff der *„(Unternehmens-)Verbindungen"* wird in der Literatur, wie auch im weiteren Verlauf dieser Arbeit, synonym zu *„(Unternehmens-)Zusammenschlüssen"* oder auch *„Mergers & Acquisitions i. w. S."* verwendet. Vgl. PAPROTTKA (1996, S. 5), WÖHE und DÖRING (2002, S. 302-303) und SPERLING (2007, S. 36).

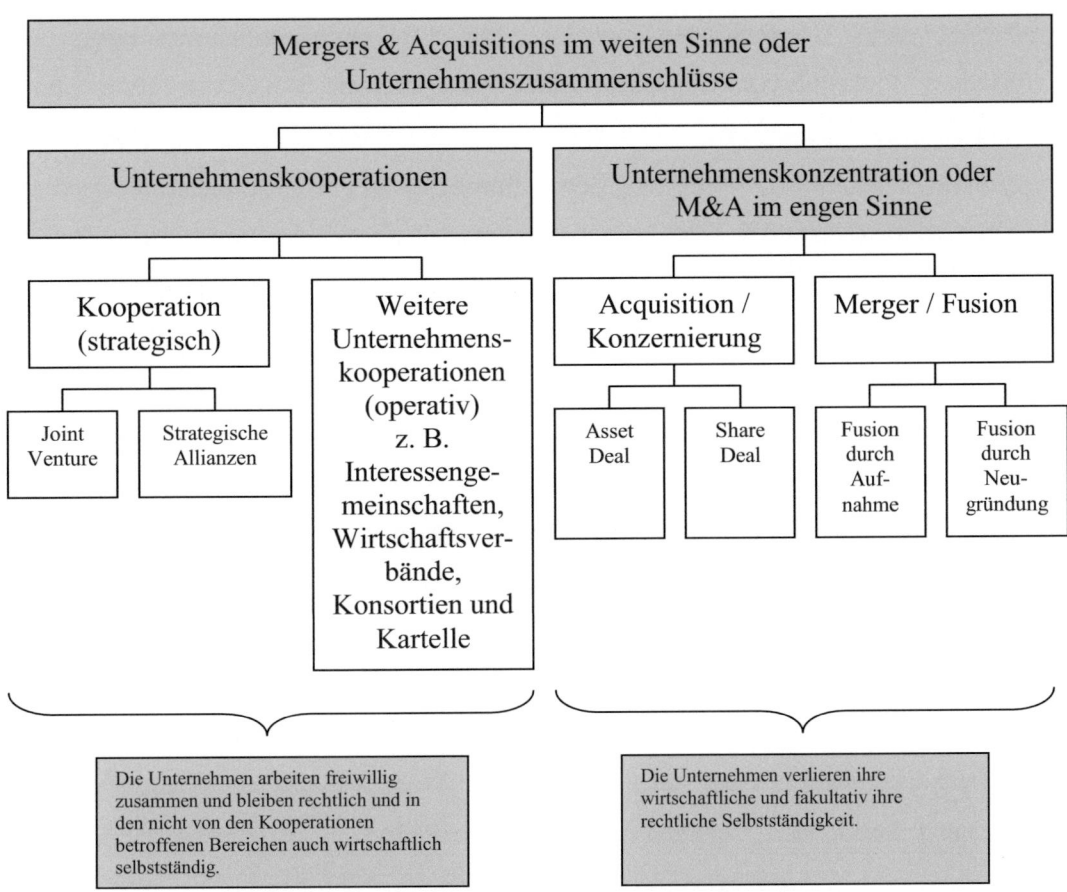

Bild 1 Formen von Unternehmenszusammenschlüssen

Quelle: In Anlehnung an HOPFENBECK (2000, S. 253), WÖHE und DÖRING (2002, S. 302) und PICOT (2003a, S. 20–21)

Der Begriff der *„Unternehmenskooperation"* ist in der Fachliteratur nicht einheitlich definiert. Je nach Auslegung werden sehr enge oder sehr weit gefasste Interpretationen deutlich. Neben diesem Terminus haben sich weitere Fachbegriffe wie z. B. strategische Allianzen, Joint Ventures, Netzwerke und Koalitionen etabliert, die bedeutungsgleich oder differenzierend verwendet werden. Grundsätzlich beschreibt die Kooperation eine „[…] freiwillige Form der Zusammenarbeit zwischen zwei oder mehr rechtlich und wirtschaftlich weitgehend selbständigen Unternehmen […], bei der zum Zwecke einer besseren Zielerreichung der Beteiligten bestimmte Funktionen gemeinsam realisiert werden […]" (Balling 1997, S. 8). Dabei bleiben die Partnerunternehmen rechtlich und in den nicht von der Kooperation betroffenen Bereichen wirtschaftlich selbstständig (Paprottka 1996, S. 8-9). In Kapitel 2.1.2.2 werden wichtige Formen der Unternehmenskooperation zusammengefasst dargestellt.

Neben den Kooperationen werden die Unternehmenskonzentrationen oder Mergers & Acquisitions im engen Sinne unterschieden. Von dieser Form sind im Gegensatz zu erstgenannter nicht nur einzelne, sondern alle Funktionsbereiche (z. B. Einkauf, Produktion, Forschung und Entwicklung) der zusammengeschlossenen Unternehmen mit der Zielsetzung der gemeinsamen Ausübung betroffen. Ein Hauptmerkmal der Konzentration ist der Verlust der wirtschaftlichen Selbstständigkeit von mindestens einem beteiligten Unternehmen (Wirtz 2003, S. 15).[3] Die Führung der verbundenen Unternehmen obliegt letztendlich einer einheitlichen Leitung, der sich alle betroffenen Unternehmen unterzuordnen haben (Wöhe und Döring 2002, S. 286). Bezüglich wirtschaftlicher und rechtlicher Kriterien sind grundsätzlich zwei Unterformen zu differenzieren, die Fusion (Merger) und die Konzernierung oder Akquisition (Acquisition). Diese Ausprägungen werden im Kapitel 2.1.2.1 näher erläutert.

Eine weitere Differenzierung von Unternehmensverbindungen beruht auf dem Systematisierungskriterium der verbundenen Wirtschaftsstufen. Nach allgemeiner Meinung lassen sich Unternehmenszusammenschlüsse in horizontale, vertikale und konglomerate Verbindungen unterteilen (Hopfenbeck 2000, S. 254-255; Wirtz 2003, S. 18-19; Wöhe und Döring 2005, S. 286-287). Daraus ergibt sich folgende Übersicht:

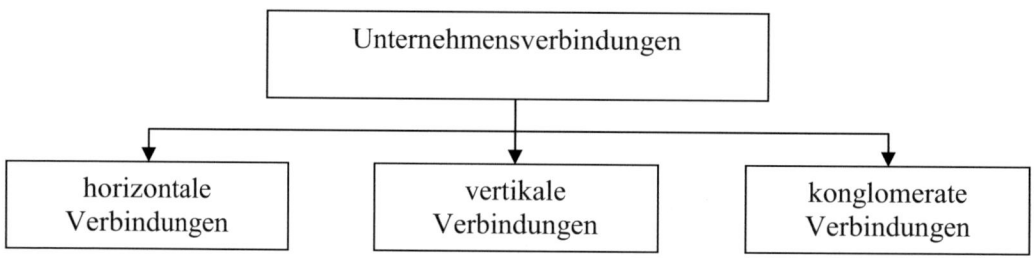

Bild 2 Unternehmensverbindungen nach Art der verbundenen Wirtschaftsstufen
Quelle: Eigene Darstellung

Diese Darstellung scheint auf den ersten Blick von eher simpler Bedeutung, ist aber innerhalb eines M&A-Prozesses von enormer Wichtigkeit. Die Wahl einer bestimmten Verbindungsart, determiniert durch die Ähnlichkeit bzw. Diversität der von den beteiligten Unternehmen bearbeiteten Produkt-Marktfelder, gibt Rückschlüsse auf die

---

[3] WÖHE und DÖRING (2005, S. 286) gehen im Gegensatz von einem Verlust der wirtschaftlichen Selbstständigkeit bei allen beteiligten Unternehmen aus.

notwendigen Aktivitäten hinsichtlich Bedarf und Ausmaß für ein erfolgreiches M&A-Projekt.[4] Außerdem stehen sie im Zusammenhang mit kartellrechtlichen Fragen (WIRTZ 2003, S. 18).

Die vorgestellten Differenzierungen weisen im Hinblick auf das Thema dieser Arbeit unterschiedliche Implikationen bezüglich der Integrationsart und -tiefe auf. Sie werden daher in Kapitel 2.1.2.2 einer genaueren Betrachtung unterzogen.

2.1.2.1 Differenzierung anhand der Bindungsintensität

Die systematische Einteilung von Unternehmenszusammenschlüssen anhand der Bindungsintensität in Kooperationen und Konzentrationen wurde im vorangegangenen Kapitel dargestellt. Die beschriebenen Formen weisen auf den ersten Blick aus betriebswirtschaftlicher, informatischer und rechtlicher Sicht und daraus resultierend auch aus wirtschaftsinformatischer Sicht unterschiedliche Implikationen bezüglich eines bevorstehenden IT-Integrationsvorhabens auf. Für eine grundsätzliche Differenzierung werden sie im nächsten Abschnitt eingehender betrachtet.

2.1.2.1.1 Kooperationen

Kooperationen sind grundsätzlich durch eine freiwillige Zusammenarbeit von Unternehmen geprägt (Bild 1). Diese hat i. d. R. zum Ziel, durch die Zusammenlegung einzelner Unternehmensfunktionen (z. B. Einkauf, Forschung und Entwicklung) und die gemeinschaftliche Erfüllung von wirtschaftlichen Aufgaben die Wettbewerbsfähigkeit innerhalb eines beschränkten Zeitraums zu steigern (Paprottka 1996, S. 8-9; Schaper-Rinkel 1998, S. 20-21; Wöhe und Döring 2002, S. 303). Zusätzlich zählen zu den wesentlichen Eigenschaften der Kooperation (Sperling 2007, S. 38):

- Eine gleichberechtigte Abstimmung und/oder gemeinsame Erfüllung von Teilaufgaben zur Verfolgung eines gemeinsamen Ziels,
- außerhalb des Aufgabengebiets der Kooperation rechtlich und wirtschaftlich selbstständige Unternehmen,
- eine vertragliche Vereinbarung und
- eine freiwillige und legitime Basis.

---

[4] Eine M&A-spezifische Abgrenzung des Terms „*Erfolg*" ist u. a. bei MECKL ET AL. (2006, S. 165-167) zu finden.

Auf diesen konstitutiven Merkmalen basierend lassen sich weitere Unterscheidungen und eine Vielfalt von Begriffen finden, die die Diversität bei der interorganisationalen Zusammenarbeit widerspiegeln. Nach BALLING (1997, S. 12) können diese Begriffe in „ältere" und „neuere" unterschieden werden, wobei letztgenannte für ihn auf „[…] der Wiederentdeckung des Kooperationsphänomens in der Managementpraxis in den achtziger Jahren […] (z. B. Strategische Allianzen, Value Added Partnerships, Strategische Netzwerke etc.) […]" zurückzuführen sind. Dieser Adaptionsprozess hat zur Folge, dass damals bekannte und langverwendete Ausdrücke nun inhaltlich unterschiedlich interpretiert werden und neue Bezeichnungen noch ohne klare inhaltliche Zuordnung sind.[5]

Ohne eine Gegenüberstellung der unterschiedlichen autorenabhängigen Begriffsdefinitionen wird an dieser Stelle der Ansatz von WIRTZ (2003, S. 13) und SPERLING (2007, S. 37-39) vorgestellt. Sie differenzieren Joint Ventures und Allianzen als strategische und z. B. virtuelle Organisationen, Interessengemeinschaften und Wirtschaftsverbände als operative Erscheinungsform der Kooperationen.[6]

Ein **Joint Venture** oder auch Gemeinschaftsunternehmen entsteht durch die Kooperation von zwei oder mehreren wirtschaftlich und rechtlich selbstständigen Partnerunternehmen. Die Zusammenarbeit findet dabei in Form des Erwerbs oder der Gründung eines eigenen rechtlich unabhängigen Unternehmens statt, in dem i. d. R. mindestens zwei Kooperierende gemeinsam die Leitungsmacht ausüben.

Der Terminus der **strategischen Allianz** entstand aus dem Koalitionsbegriff und bezeichnet eine Kooperationsform unterschiedlicher Bindungsrichtungen von rechtlich und wirtschaftlich selbstständigen Organisationen mit einem niedrigeren Institutionalisierungsgrad (Paprottka 1996, S. 8-9). Als besondere Merkmale der strategischen Allianz gelten die vornehmlich strategische und inhaltlich begrenzte Zusammenarbeit, ein langfristiger, aber dennoch begrenzter Zeithorizont und die

---

[5] Nach PAPROTTKA (1996, S. 8) wurde der Begriff der „Kooperation" vorher für Unternehmenszusammenschlüsse aller Art verwendet, bevor die neuere Literatur zwischen „Kooperationen" und „Konzentrationen" differenzierte.
[6] SPERLING (2007, S. 37) weist in diesem Zusammenhang auf die unklare Begriffshierarchie zwischen „Joint Ventures" und „Allianzen" hin. Im angelsächsischen Raum wird der Begriff „Joint Venture" als Oberbegriff für Kooperationen verstanden, während im deutschsprachigen Raum diese Funktion dem Begriff der „Allianz" vorbehalten zu sein scheint. Vgl. HOPFENBECK (2000, S. 299-309). In dieser Arbeit wird weiterhin von einer Trennung dieser beiden Begrifflichkeiten ausgegangen.

abgestimmte gemeinschaftliche Ausführung von Marktaktivitäten (Sperling 2007, S. 39).

Die **virtuelle Organisation** sei hier stellvertretend für alle weiteren operativen Unternehmenskooperationen aufgeführt. Auch für die Begriffe der *„virtuellen Organisation"* oder des *„virtuellen Unternehmens"* existieren in der Literatur keine einheitliche Begriffsabgrenzungen (Sperling 2007, S.38). REISS ET AL. (1997, S. 78) bezeichnen sie als „[...] besonders anpassungsfähige[n] Formen von informationstechnisch unterstützten und zeitlich befristeten Kooperationen zwischen juristisch selbständigen Firmen und Personen zur Erfüllung von Kundenaufträgen." Die kooperierenden Unternehmen beteiligen sich innerhalb einer virtuellen Organisation vorrangig mit ihren Kernkompetenzen und treten gegenüber Dritten wie ein einheitliches Unternehmen auf, ohne dabei ein neues rechtlich selbstständiges Unternehmen zu gründen (Gora und Scheid 2001, S. 12-13).[7]

Die vorgestellten Erscheinungsformen der Unternehmenskooperation werden ergänzt durch die Unternehmenskonzentrationen oder Mergers & Acquisitions im engen Sinne.

2.1.2.1.2 Mergers & Acquisitions im engen Sinne

Mergers & Acquisitions im engen Sinne oder Unternehmenskonzentrationen unterteilen sich in Fusionen (Mergers) und Akquisitionen bzw. Konzernierungen oder auch Übernahmen (Acquisitions). Im Gegensatz zur Kooperation verlieren die Unternehmen bei der Durchführung von Fusionen und Übernahmen ihre wirtschaftliche und fakultativ ihre rechtliche Selbstständigkeit.

Akquisitionen

Akquisitionen (Acquisitions) von Geschäftsfeldern oder gesamten Unternehmen sind in der Praxis eine sehr häufig gewählte Form zur Portfolioveränderung (Kapitel 2.1.3.2.3) und externen Entwicklung. Sie werden allgemein in „Asset Deal" und „Share Deal" kategorisiert (Paprottka 1996, S. 7). Ein „Asset Deal" beschreibt eine Akquisition durch den Erwerb von sämtlichen Wirtschaftsgütern durch das akquirierende Unternehmen, wohingegen ein „Share Deal" auf dem Erwerb von Unternehmensanteilen basiert.

---

[7] Weitere Informationen zum Thema *„Virtuelle Organisationen"* lassen sich u. a. in den Beiträgen bei GORA und BAUER (2001) finden.

Bei einer gesamtheitlichen Akquisition (z. B. BMW-Rover oder Deutsche Bank-Bankers Trust) übernimmt das akquirierende Unternehmen ein eigenständiges Unternehmen inklusive dessen Geschäftsfelder, wobei auch nur der Erwerb von einzelnen Teilen im Sinne einer Akquisition denkbar wäre. Bei einer Share Deal-Transaktion sind, um ein eigenständiges Unternehmen zu erwerben, in der Regel mehr als 50 % der Eigentümeranteile zu erwerben, damit gegenüber dem akquirierten Unternehmen eine dominante Rolle eingenommen werden kann. Bei einem Erwerb von bis zu 100 % der Anteile besteht nach deutschem Recht die Möglichkeit für das akquirierende Unternehmen, das übernommene Unternehmen aktienrechtlich einzugliedern oder dessen rechtliche Selbstständigkeit aufzuheben (Hungenberg 2006, S. 508-509).[8] Letztendlich entsteht eine für beide Unternehmen übergeordnete einheitliche Leitung (Schaper-Rinkel 1998, S. 19).

Fusionen

Fusionen (Mergers) beschreiben den Vorgang der Verschmelzung von zwei oder mehreren selbstständigen Unternehmen zu einer rechtlichen und wirtschaftlichen Einheit. Das deutsche Umwandlungsgesetz (UmwG, § 2) unterscheidet zum einen die Fusion durch Aufnahme, bei der mindestens ein Unternehmen durch den Fusionsprozess seine rechtliche und wirtschaftliche Selbstständigkeit verliert und das annektierende Unternehmen sämtliche Vermögensgegenstände übernimmt, und zum anderen die Fusion durch Neugründung, bei der alle beteiligten Unternehmen ihre bisherige rechtliche Identität verlieren und das neue Unternehmen die Gesamtrechtsnachfolge antritt (Robert 2002, S. 3-6; Sperling 2007, S. 40).

In den folgenden Abschnitten wird der Begriff *„Mergers & Acquisitions"* dennoch zunächst im weiten Sinn, also synonym zu dem Begriff *„Unternehmenszusammenschlüsse"* verwendet. Begründet ist dies dadurch, dass der M&A-Begriff selber für ein größeres Tätigkeitsgebiet steht, als seine beinhalteten verknüpften Einzeltermini *„Mergers"* und *„Acquisitions"*.

---

[8] Bei einem Anteilserwerb von weniger als 50 % spricht man allgemein von einer Finanzbeteiligung. (Hungenberg 2006, S. 509) Dieser Fall wird aber nicht weiter betrachtet. Nach Paprottka (1996, S.7-9) beginnen Akquisitionen ab einem Beteiligungsgrad von größer 75 %.

2.1.2.2 Differenzierung anhand der verbundenen Wirtschaftsstufen

Die Systematisierung von Unternehmenszusammenschlüssen anhand des Merkmals der verbundenen Wirtschaftsstufen sieht eine generelle Dreiteilung in horizontale, vertikale und konglomerate Verbindungen vor.[9] Die einzelnen Ausprägungen können dabei mit den Unterteilungen der Bindungsintensität in Bezug gesetzt werden.

Horizontale Verbindungen

Horizontale Verbindungen sind Vereinigungen zwischen Unternehmen innerhalb derselben Produktions- oder Handelsstufe und Branche (z. B. mehrere Handelshäuser, mehrere Musikfirmen oder mehrere Brauereien). Die angedeutete kartellrechtliche Relevanz beruht darauf, dass es im Zuge des Zusammenschlusses je nach Ausmaß der Partnerschaft zu einer drastischen Verschiebung der Marktmachtverhältnisse innerhalb der Wirtschaftsstufe kommen kann (Robert 2002, S. 7). Zusammenschlüsse auf dieser Ebene können aus verschiedenen Motivationen und Zielen erfolgen (Wöhe und Döring 2005, S. 286-287):

- Ausschaltung der bisher bestehenden Konkurrenz,
- Schaffung einer marktbeherrschenden Stellung gegenüber nicht angeschlossenen Unternehmen,
- Erringen gemeinsamer Marktmacht gegenüber Lieferanten und Abnehmern sowie
- Koordinierung oder gemeinsame Durchführung bestimmter Funktionen (z. B. Bildung von Bankenkonsortien zur Emission von Wertpapieren).

Vertikale Verbindungen

Als vertikale Verbindungen bezeichnet man hingegen Vereinigungen von Unternehmen von aufeinander folgenden Produktions- und Handelsstufen. Je nach Sichtweise sind bei dieser Art die Rückwärts- und die Vorwärtsintegration zu unterscheiden. Erstgenannte bezeichnet eine Verbindung mit einem Partner der vorgelagerten Produktionsstufe, so dass die Versorgungssicherung mit Rohstoffen oder Fertigteilen im Vordergrund steht. Letztgenannte beschreibt den Zusammenschluss mit einem Partner der nachgelagerten Produktionsstufe und ist durch die Sicherung des Absatzes und die Möglichkeit eines

---

[9] In der Literatur hat sich neben dem Begriff der *„konglomeraten Verbindung"* synonym der Ausdruck der *„diagonalen, heterogenen oder anorganischen Verbindung"* etabliert (Hopfenbeck 2000, S. 254).

internen Gewinn-Verlustausgleichs motiviert. Vertikale Zusammenschlüsse können daher häufig auch als Wertschöpfungspartnerschaften bezeichnet werden (Hopfenbeck 2000, S. 254; Wöhe und Döring 2005, S. 287).

Konglomerate Verbindungen

Eine konglomerate Verbindung liegt vor, wenn die Bedingungen eines horizontalen oder vertikalen Zusammenschlusses nicht gegeben sind. Folglich werden unter dem Begriff alle Partnerschaften zwischen Unternehmen unterschiedlicher Produktions- und Handelsstufen subsummiert. Konglomerate Zusammenschlüsse sind durch finanzpolitische Überlegungen motiviert und werden aus Gründen der Risikodiversifikation getätigt. Ein weiterer Grund kann in dem Wunsch nach der Teilnahme an Wachstumsbranchen gesucht werden. Die Auswirkungen auf den Marktwettbewerb sind dabei als eher schwach einzustufen (Hopfenbeck 2000, S. 254-255; Wöhe und Döring 2005, S. 287).

Die Ausprägung eines Zusammenschlusses ist folglich von einer vorgegebenen unternehmensspezifischen Strategie abhängig. Diese Strategie beruht auf langfristig ausgelegten Planungen, in deren Rahmen Mergers & Acquisitions als eine Alternative zur Zielerreichung angesehen werden können. Aus der Perspektive verschiedener wissenschaftlicher Erklärungsansätze wird im folgenden Kapitel dargestellt, warum Unternehmenszusammenschlüsse in der Praxis stattfinden.

2.1.3 Wissenschaftliche Erklärungsansätze zu Mergers & Acquisitions

Nachdem in den vorangegangenen Kapiteln die Bedeutsamkeit des Themas erläutert, die Begrifflichkeiten abgegrenzt und die unterschiedlichen Ausprägungen und Formen von Mergers & Acquisitions vorgestellt wurden, wird im Folgenden auf die ökonomisch- und strategietheoretischen Ansätze, die für Unternehmens-zusammenschlüsse bedeutsam sind, eingegangen. Die präsentierten Theorien dienen in Kapitel 2.1.4 dazu, Motive und Zielsetzungen für Mergers & Acquisitions abzuleiten.

2.1.3.1 Erklärungsansätze der Neuen Institutionenökonomik

Die neoklassische Theorie muss bei der Suche nach einem wissenschaftlichen Erklärungsansatz für Mergers & Acquisitions ausgeschlossen werden, da die reale Existenz von verschiedenen Organisationsformen (Institutionen), marktbedingten Informationsasymmetrien und Transaktionskosten nicht mit ihr vereinbar ist. Sie basiert im Gegensatz zur Neuen Institutionenökonomik auf vollkommenen und friktionslosen Märkten, die ohne Informations- oder Transaktionskosten genutzt werden dürfen. Das Ziel der Marktteilnehmer liegt dabei in der individuellen Nutzenmaximierung (Kräkel 2007, S. 6). Die Neue Institutionenökonomik bietet geeignetere Betrachtungsweisen: Sie versucht, „[...] durch die explizite Betrachtung verschiedener Marktunvollkommenheiten zu erläutern, warum Märkte durch Institutionen und Organisationen umgangen werden und inwiefern Institutionen und Organisationen als Kompensationsmechanismus für Märkte angesehen werden können" (Wirtz 2003, S. 24). Durch die Betrachtung der Abhängigkeiten zwischen Institutionen und dem menschlichen Verhalten wird ein Erklärungsansatz für die Existenz und den Wandel von Institutionen abgeleitet (Müller-Stewens und Lechner 2005, S. 149). Im Mittelpunkt stehen dabei drei wesentliche Erklärungsansätze, die verschiedene Aspekte der neoklassischen Theorie auflösen und somit unterschiedliche Marktunvollkommenheiten analysieren:

- Der Transaktionskostenansatz,
- der Prinzipal-Agent-Ansatz (Agency-Theorie) und
- der Property-Rights-Ansatz (Theorie der Verfügungsrechte).

Von diesen Erklärungsansätzen liefern nach WIRTZ (2003, S. 24-25) lediglich der Transaktionskosten- sowie der Prinzipal-Agent-Ansatz Bezugspunkte zu Mergers & Acquisitions. Diese werden nachstehend dargestellt und im M&A-Kontext betrachtet.

2.1.3.1.1 Der Transaktionskostenansatz

Der Transaktionskostenansatz ist auf die grundlegenden Beiträge von COMMONS (1924) und COASE (1937) zurückzuführen und wurde von WILLIAMSON (1985) erweitert. Er versucht im Wesentlichen, eine Antwort auf die Frage zu liefern, warum Institutionen existieren und warum in einer Marktwirtschaft nicht alle Transaktionen direkt zwischen den Einzelakteuren realisiert werden (Müller-Stewens und Lechner 2005, S. 149).

Zentraler Aspekt der Transaktionskostentheorie sind Transaktionen, die allgemein die Übertragung von Verfügungsrechten[10] und (Dienst-)Leistungen beschreiben. Der Transaktionskostenansatz geht davon aus, dass jeder Analysegegenstand, der sich explizit oder implizit vertraglich fixieren lässt, aus transaktionskostentheoretischer Sicht systematisiert werden kann (Nienhüser und Jans 2004, S. 2). Je nach Perspektive können die Kosten, i. d. S. auch Transaktionskosten genannt, die für die Vertragsakteure vor, während und nach dem Vertragsprozess entstehen, kategorisiert werden. WILLIAMSON (1985, S. 20) verwendet für seine Einteilung in Ex ante- und Ex post-Transaktionskosten eine zeitpunktbezogene Differenzierung, wohingegen RICHTER und FURUBOTN (2003, S. 53-64) interne organisationsbezogene, externe marktbezogene und politische Transaktionskosten unterscheiden. Folgt man der Klassifikation von PICOT (2005, S. 53-54), so fallen Kosten der Information und Kommunikation für die Anbahnung, Vereinbarung, Abwicklung, Kontrolle und Anpassung von Verträgen unter die Transaktionskosten. Sie treten zusätzlich zu den Kosten des direkten Faktoreinsatzes, den Produktionskosten, auf und sind von diesen zu trennen (Kräkel 2007, S. 7).

Darüber hinaus identifiziert WILLIAMSON (1985, S. 52) die Variablen der Verhaltensannahme, der Umweltfaktoren und der Transaktionsatmosphäre bzw. -häufigkeit als zentrale Einflussgrößen bei der Bestimmung der Transaktionskosten. Die in diesem Kontext handelnden Individuen weisen dabei zwei zentrale Verhaltensmerkmale auf, die der begrenzten Rationalität und des Opportunismus. In Verbindung mit den Umweltmerkmalen (Unsicherheit, Spezifität und strategische Bedeutung) und der Häufigkeit einer Transaktion können sie je nach Kombination von Ausmaß und Ausprägung die Transaktionskosten positiv wie negativ beeinflussen (Picot 2005, S. 53-57).

Die Handlungsweise von Unternehmen lässt sich mit dem **Erklärungsansatz von COASE (1937)**[11] zur Existenz von Organisationen mit Hilfe von Transaktionskosten zusammenfassend darstellen. Demnach übernehmen „[…] Unternehmen die Transaktionen solange selbst […], bis die internen Koordinationskosten für die Einbeziehung einer weiteren Transaktion diejenigen Kosten übersteigen, die bei der Abwicklung dieser Transaktion über den Markt anfallen würden" (Wirtz 2003, S. 26).

---

[10] vgl. Kapitel 2.1.2.1.2 insbesondere Asset Deal bzw. Share Deal
[11] Der Erklärungsansatz von COASE (1937) wird an dieser Stelle nur zusammenfassend dargestellt. Für eine detaillierte Betrachtung sei auf COASE (1937) selber verwiesen.

Auf den M&A-Kontext bezogen bedeutet dies, dass Unternehmenszusammenschlüsse aus transaktionskostentheoretischer Sicht begründet sind, wenn die anfallenden Transaktionskosten im Vergleich zu einer marktorientierten Abwicklung reduziert werden können. Dieses Vorgehen bedarf aber einer kontinuierlichen Prüfung, da es bei einem Anstieg der internalisierten Kosten gegenüber den „Marktkosten" aus transaktionskostentheoretischer Perspektive zu einer Anpassung kommen muss, was im Falle eines Unternehmenszusammenschlusses die Wiederveräußerung eines Unternehmensbereiches bedeuten würde (Wirtz 2003, S. 26-27).[12]

Der speziellere **Erklärungsansatz von Williamson (1985)**[13] zur Gründung bzw. Existenz von Unternehmen und anderen Organisationen bietet ebenfalls Bezugspunkte zu Mergers & Acquisitions. Basierend auf der Annahme von unvollständigen Verträgen und beschränkt rational und opportunistisch handelnden Vertragspartnern sowie hoher Unsicherheit bei wiederkehrenden und spezifischen Transaktionen kann nach WIRTZ (2003, S. 56) „[...] die Internalisierung der Transaktion durch eine Akquisition oder Fusion sinnvoll sein, um Unterinvestitions- und Hold-up-Probleme (opportunistisches Verhalten des Akteurs, der nicht die transaktionsspezifische Investition getätigt hat) zu vermeiden".

2.1.3.1.2 Der Prinzipal-Agent-Ansatz

Einen weiteren zentralen Ansatz zur wissenschaftlichen Erklärung von Mergers & Acquisitions stellt der im Wesentlichen durch ROSS (1973), JENSEN und MECKLING (1976) sowie PRATT und ZECKHAUSER (1985) geprägte Prinzipal-Agent-Ansatz dar. Die Prinzipal-Agent-Modelle thematisieren i. d. R. Vertragsprobleme, die aufgrund von asymmetrisch verteilten Informationen entstehen. Die Rolle der besser informierten Partei fällt üblicherweise den Agenten zu, während es sich beim Prinzipal um die schlechter informierte Fraktion handelt (Kräkel 2007, S. 20). Ziel des Ansatzes ist, möglichst optimale Verträge zwischen Prinzipalen und Agenten zu entwickeln (Wirtz 2003, S. 29). Eine Vertragsbeziehung kann hierbei durch zwei grundsätzliche Typen von asymmetrisch verteilten Informationen unterschieden werden (Kräkel 2007, S. 21):

---

[12] Erfolgen Übernahmen und Fusionen schon von Beginn an mit der Absicht der Wiederveräußerung, so kann der Erklärungsansatz der Transaktionskostentheorie nicht greifen.

[13] Der Erklärungsansatz von WILLIAMSON (1985) wird in dieser Arbeit nur im M&A-Kontext dargestellt. Weiterführende Informationen zum theoretischen Ansatz lassen sich in den Veröffentlichungen von WILLIAMSON (1985) sowie zusammenfassend bei KRÄKEL (2007, S. 11) finden.

- *hidden action*: Der Agent verfügt über Handlungsalternativen, die vom Prinzipal weder erahnt noch beobachtet werden können.

- *hidden information*: Der Agent hat gegenüber dem Prinzipal einen Informationsvorsprung hinsichtlich der eigenen Situation oder entscheidungsrelevanter Zustände.

WIRTZ (2003, S. 29-35) bringt in seiner Veröffentlichung diesen Ansatz in Bezug zu Mergers & Acquisitions i. e. S. und definiert für Akquisitionen und Fusionen relevante unterschiedliche Agency-Beziehungen und Optimierungsprobleme. Während einer Akquisition ist demzufolge die Rolle des Prinzipals dem Käufer und die des Agenten dem Verkäufer überlassen, so dass als Optimierungsproblem der Kaufvertrag gilt. Bei Fusionen hingegen existieren beiderseitige Agency-Beziehungen, da beide Vertragspartner jeweils besser über die eigene Situation informiert sind. Der Fusionsvertrag bildet in diesem Fall das Optimierungsproblem. Diese Basis benutzt WIRTZ (2003, S. 31-35), um Informationsasymmetrien vor („hidden information") und nach Vertragsschluss („hidden action") darzustellen und daraus folgernd Lösungsvorschläge zu unterbreiten, wie Informationsasymmetrien zwischen den unterschiedlichen Akteuren für eine erfolgreiche M&A-Transaktion minimiert werden können.

2.1.3.2 Erklärungsansätze der Strategietheorie

Die Überlegungen zum strategischen Management von Unternehmen sind seit den 1960er Jahren als wissenschaftliche Disziplin verankert und mittlerweile fester Bestandteil der unternehmerischen Praxis (Müller-Stewens und Lechner 2005, S. 8-9).[14] Im Laufe der Zeit haben sich viele verschiedene Ansätze entwickelt, „[...] um die langfristigen Erfolgsunterschiede zwischen Unternehmen zu erklären und Faktoren zur Generierung dauerhafter, strategiebedingter Renten zu identifizieren" [15] (Wirtz 2003, S. 35).

---

[14] MÜLLER-STEWENS und LECHNER (2005, S. 8-23) stellen im ersten Kapitel ihrer Veröffentlichung einen historischen Überblick und grundlegende Fragestellungen zum strategischen Management dar. Für einen Überblick der verschiedenen Ansätze siehe MÜLLER-STEWENS und LECHNER (2005, S. 104).

[15] Unter dem Begriff der *„Rente"* verstehen MÜLLER-STEWENS und LECHNER (2005, S. 357) in diesem Kontext „[...] Erträge, die die Opportunitätskosten des Ressourceneinsatzes in einem Industriezweig überschreiten, ohne neue Wettbewerber anzuziehen."

Die Wahl der zu betrachtenden strategischen Ansätze im Rahmen dieser Arbeit fällt dabei auf den marktorientierten (Market-based View, MBV) und den ressourcenorientierten Ansatz (Resource-based View, RBV). Auf letztgenannten aufbauend wird zusätzlich kurz auf die fähigkeitsorientierte (Capability-based View, CBV) und wissensbasierte Perspektive (Knowledge-based View, KBV) eingegangen. Diese Auswahl bietet die Möglichkeit, die M&A-Thematik aus einer unternehmensexternen und –internen Sicht zu beleuchten. Außerdem ist somit ein Bezug auf die „[…] bahnbrechenden Arbeiten in den 80er Jahren […]" (Wirtz 2003, S. 35) von PORTER (1980, 1985) bezüglich des MBV und auf „[…] eine der fruchtbarsten theoretischen Strömungen der letzten Jahre […]" (Müller-Stewens und Lechner 2005, S. 356), dem RBV, gegeben.

2.1.3.2.1 Der marktorientierte Ansatz (Market-based View)

Der MBV basiert auf den industrieökonomischen Überlegungen von MASON (1949) und BAIN (1956) und zeichnet sich durch eine Analyse der externen Einflüsse zur Interpretation von nachhaltigen überdurchschnittlichen Unternehmensergebnissen aus. In dem ursprünglichen Structure-Conduct-Performance-Paradigma kommt zum Ausdruck, dass der strategiebedingte dauerhafte Erfolg (Performance) von Unternehmen zum einen durch die Struktur der Branche (Structure) und dem strategischen Verhalten des Unternehmens innerhalb dieser Branche (Conduct) abhängig ist (Outside-in-Perspektive) (Bea und Haas 2005, S. 26). Die Positionierung des Unternehmens innerhalb eines attraktiven Marktsegmentes stellt zum einen die größte Herausforderung für das Management und zum anderen die entscheidende Determinante für den Unternehmenserfolg dar (Müller-Stewens und Lechner 2005, S. 145-148).

Das Konzept der fünf Wettbewerbskräfte (Lieferanten, Kunden, Substitute, neue und alte Wettbewerber) nach PORTER (2000, S. 29-33) kann dabei ein Instrument zur Analyse der Attraktivität einer Branche sein. Die nachstehende Abbildung verdeutlicht, wie diese Kräfte auf den Wettbewerber einwirken und somit die Rentabilität beeinflussen (Porter 1990, S. 26):

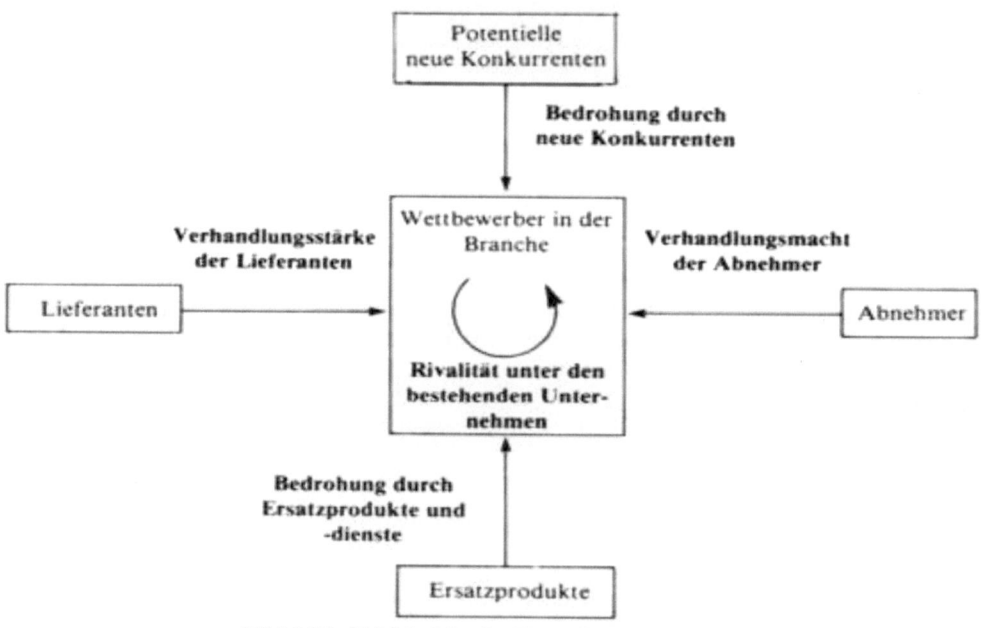

Bild 3 Die Triebkräfte des Branchenwettbewerbs
Quelle: PORTER (1990, S. 26)

Daraus ableitend schlägt PORTER (1980, S. 41) drei grundlegende Strategien zur Generierung von Wettbewerbsvorteilen vor, die gleichzeitig im M&A-Bezug betrachtet werden (Bea und Haas 2005, S. 26-28):

- *Strategie der Differenzierung*: Das Unternehmen bietet ein Produkt an, das sich durch sein Leistungs- und Qualitätsniveau von der Konkurrenz abhebt (Jansen 1998, S. 70). Sind die Stückdifferenzierungskosten geringer als die von den Kunden bezahlte Preisprämie, so kann das Unternehmen strategiebedingte Rente abschöpfen. Zur Umsetzung der Differenzierungsstrategie besteht für Unternehmen die Möglichkeit, sich mit einem profitablen differenzierten Unternehmen innerhalb einer Akquisition oder Fusion zusammenzuschließen (Wirtz 2003, S. 37).

- *Strategie der Kostenführerschaft*: Das Unternehmen versucht durch die Produktion standardisierter Produkte in möglichst großen Mengen, unter der Prämisse der Stückkostenminimierung, seine Produkte zum geringeren oder gleichen Preis wie die Konkurrenz am Markt abzusetzen (Müller-Stewens und Lechner 2005, S. 147). Gelingt die Etablierung als Kostenführer, kann dauerhafte strategiebedingte Rente abgeschöpft werden.

Kostensenkungspotenziale können durch das Lernkurvenkonzept sowie den „economies of scales" realisiert werden (Jansen 1998, S. 70).[16] Im M&A-Kontext bieten sich insbesondere Akquisitionen und Fusionen auf horizontaler Ebene (Kapitel 2.1.2.2) zur Generierung von strategiebedingten Renten an. Einerseits kann durch die Erweiterung der Produktionskapazität der notwendige Größenvorteil zur Verfolgung der Kostenführerschaftsstrategie erlangt werden, andererseits lässt sich durch den Zusammenschluss die Wettbewerbsintensität verringern (Robert 2002, S. 7).

- *Nischenstrategie*: Im Rahmen der Nischenstrategie beschränken sich Unternehmen auf bestimmte Arten von Marktnischen wie z. B. Produktliniensegmente oder geografische Märkte und entwickeln spezielle Lösungen für sie. Oftmals fehlen diesen Unternehmen die liquiden Mittel, um einen breiten Markt zu bedienen oder sie streben eine gezielte Differenzierung in dieser Nische an. Die Gründe für Zusammenschlüsse lassen sich an den Risiken der Nischenstrategie erläutern. Falls das Segment für den breiten Markt attraktiv wird und finanzkräftige Unternehmen in den Markt drängen, sind „Nischen"-Unternehmen häufig gezielte Kandidaten von Übernahmen und Fusionen.[17]

Ein wesentlicher Kritikpunkt am marktorientierten Ansatz ist die einseitige Ausrichtung an externen Einflüssen zur Erklärung der strategiebedingten Renten, wobei anzunehmen ist, dass in diesem Kontext auch internen Faktoren eine große Bedeutung zufällt. Aus diesen Überlegungen heraus richtete sich das Forschungsinteresse Anfang der 1990er Jahre auf die unternehmensinternen Faktoren, wie z. B. Strukturen und Prozesse oder zur Leistungserstellung eingesetzte Ressourcen als Ursache für strategiebedingte Renten (Wirtz 2003, S. 37; Müller-Stewens und Lechner 2005, S. 13). Auf den so entstandenen Resource-based View wird im folgenden Abschnitt eingegangen.

---

[16] Informationen zum Lernkurveneffekt und „economies of scale" sind u. a. bei JANSEN (1998, S. 52-87) zu finden.

[17] Das vormals selbstständige Online-Videoportal YouTube.com wurde nach immer steigender Beliebtheit Mitte 2006 von der ursprünglich als Suchmaschinenbetrieb gegründeten Google Inc. übernommen (Tagesschau 2006).

2.1.3.2.2 Der ressourcenorientierte Ansatz (Resource-based View)

Der ressourcenorientierte Ansatz stützt sich auf die theoretischen Arbeiten von PENROSE (1957), in denen erstmals Unternehmen nicht als administrative Einheiten, sondern als System produktiver Ressourcen konzeptualisiert wurden. Nach einem Vergleich unterschiedlicher Definitionen verallgemeinern MÜLLER-STEWENS und LECHNER (2005, S. 357) in diesem Zusammenhang den Begriff „Ressource" als eine Bezeichnung für all das, „[...] was einem Unternehmen zur Verfügung steht und worauf es direkt oder indirekt zugreifen kann." Die Grundidee des RBV besteht demnach darin, die Wettbewerbsvorteile der Unternehmen gegenüber anderen Anbietern nicht nur durch die Stellung am Produktmarkt, sondern auch durch die Qualität von Unternehmensressourcen zu erklären (Inside-out-Perspektive) (Knyphausen-Aufsess 1995, S. 82). Unter dieser Betrachtungsweise lassen sich Erfolgsunterschiede zwischen Marktwettbewerbern auf die effiziente Nutzung und Kombination von Ressourcen zurückführen. Bezogen auf das grundlegende Structure-Conduct-Performance Paradigma des marktorientierten Ansatzes verkehren die Anhänger des ressourcenorientierten Ansatzes diesen, wie in der folgenden Abbildung in Anlehnung an CORSTEN (1998, S. 17) zu sehen ist, in eine Resource-Conduct-Performance-Wirkungskette.

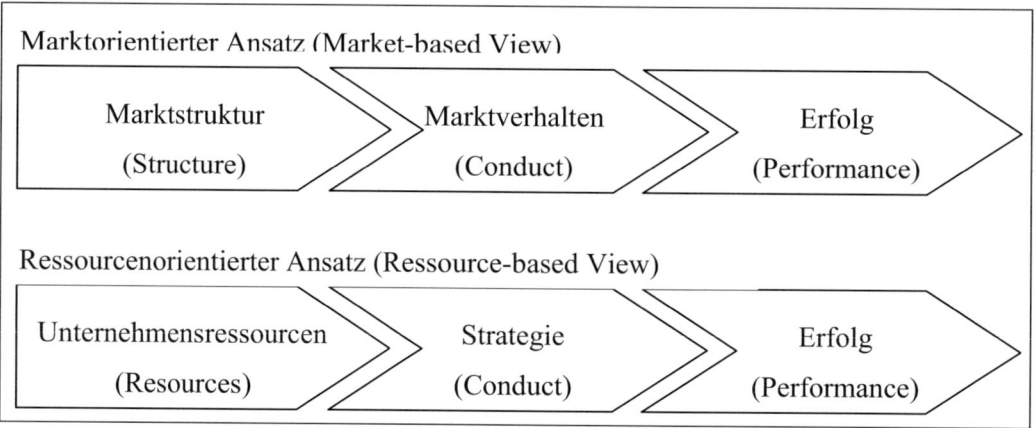

Bild 4 Gegenüberstellung der grundlegenden Wirkungsketten des marktorientierten und ressourcenorientierten Ansatzes
Quelle: In Anlehnung an CORSTEN (1998, S. 17)

Bei RASCHE (1994, S. 68-90) lassen sich unter der Prämisse von unvollkommenen Faktormärkten und Ressourcenheterogenität vier Aspekte (Nicht-Immitierbarkeit, Unternehmensspezifität, Nicht-Substituierbarkeit und Nutzengenerierung für Marktteilnehmer) für strategisch relevante erfolgsgenerierende

Unternehmensressourcen ausfindig machen. Durch den Schutz bzw. Ausbau dieser Ressourceneigenschaften gegenüber weiteren Marktteilnehmern können Unternehmen zu dauerhaften Wettbewerbsvorteilen gelangen.

Aus ressourcenorientierter Sicht besteht im M&A-Kontext für Unternehmen, die überdurchschnittlichen Erfolg beabsichtigen, jedoch nicht über die notwendigen geeigneten eigenen Ressourcen verfügen, die Möglichkeit, sich mit Unternehmen, die über eine dem Ziel entsprechende Ressourcenbasis verfügen, zusammenzuschließen (Wirtz 2003, S. 42-43). Der Erwerb von Erfolg versprechenden Ressourcen ist eines der Leitmotive von Mergers & Acquisitions (Kapitel 2.1.4).

Eine Weiterentwicklung des ressourcenorientierten Ansatzes stellt der **fähigkeitsorientierte Ansatz** (Capability-based View, CBV) dar. Von gleichen Umweltbedingungen (Ressourcenheterogenität, unvollkommene Faktormärkte) ausgehend, erklärt der fähigkeitsorientierte Ansatz Erfolgsdifferenzen zwischen Unternehmen nicht durch unterschiedliche Ressourcenbasen, sondern durch die unternehmenseigene Fähigkeit, Ressourcen effizient einzusetzen. (Wirtz 2003, S. 44) Die Komplexität der unternehmensspezifischen Fähigkeiten, Ressourcen effizient einzusetzen, verhindert, dass diese auf andere Unternehmen transferiert oder von ihnen imitiert werden können. Unternehmenszusammenschlüsse sind oft die einzige Möglichkeit, um Zugriff auf diese Fähigkeiten bzw. Kompetenzen zu erhalten. (Wirtz 2003, S. 56)

Eine weitere Perspektive zur Begründung von Unternehmenszusammenschlüssen bietet der **wissensorientierte Ansatz** (Knowledge-based View, KBV). Die Vertreter dieser Theorie, wie z. B. POLANYI (1958) oder GRANT (1996), verfolgen den Gedanken, dass nachhaltige Erfolgsdifferenzen zwischen Unternehmen auf Wissensdifferenzen zurückzuführen sind. Das Ausmaß der Wettbewerbsvorteile gegenüber Konkurrenten lässt sich demzufolge durch den Transfer und die Imitation von bestimmten Typen von Wissen beeinflussen. Allgemein wird in diesem Kontext zwischen implizitem Wissen (Wissen, über das sich der Träger nicht bewusst ist) und explizitem Wissen (Wissen, über das sich der Träger bewusst ist) unterschieden. Da das Wissen fest mit dem jeweiligen Träger, in diesem Fall einer Organisation, verbunden ist, stellen Zusammenschlüsse mit Unternehmen, die über wertvolles Wissen verfügen, eine Möglichkeit dar, auf dieses Wissen zuzugreifen.

2.1.3.2.3 Die Portfoliotheorie

Die Portfoliotheorie wurde in den 1950er Jahren durch MARKOWITZ (1952) begründet und erlangte in den 1970er Jahren durch die BOSTON CONSULTING GROUP (BCG 1970) und später auch durch andere Beratungsgesellschaften einen Bezug zur strategischen Unternehmensführung (Jansen 1998, S. 60). Ohne den finanzwissenschaftlichen Hintergrund detailliert zu betrachten, ist die grundlegende wissenschaftliche Erkenntnis dieses Ansatzes, dass das Risiko eines Anlagenportfolios durch Anlagenstreuung auf mehrere Investitionen mit nicht positiven korrelierten Risiken gesenkt werden kann (Bea und Haas 2005, S. 136-137).

Im Hinblick auf Mergers & Acquisitions ist die Portfoliotheorie als eine Diversifikationsstrategie für Unternehmen, die durch Fusionen und Übernahmen das Risiko ihres Anlagenportfolios minimieren wollen, zu verstehen. Die Historie des M&A-Marktes hat aber gezeigt, dass eine reine Verfolgung der Diversifikationsstrategie oftmals nicht den gewünschten Erfolg bringt, da sie lediglich das Motiv der Risikoreduzierung berücksichtigt, ohne auf weitere Aspekte der Unternehmensführung einzugehen. So ist zu erklären, dass nach zahlreichen gescheiterten Diversifikationsbemühungen ab Mitte der 1980er Jahre Unternehmen durch Rückbesinnung auf ihre Kernkompetenzen („core competencies") Mergers & Acquisitions vermehrt dazu nutzen, ihr Kerngeschäft zu stärken (Wirtz 2003, S. 53).

2.1.3.3 Zusammenfassende Bemerkung

In den vorangegangenen Abschnitten wurden unterschiedliche industrieökonomische Erklärungsansätze und Thesen der Strategiediskussion vorgestellt und im Bezug zu Mergers & Acquisitions betrachtet. Die in der Literatur auf Mergers & Acquisitions bezogenen wissenschaftlichen Theorien umfassen ein breites Spektrum. Die verfassten Darstellungen können somit nur als Grundlage für weitere Überlegungen in diese Richtung dienen, bieten aber bereits genug Anhaltspunkte, um Mergers & Acquisitions i. w. S. wissenschaftlich zu begründen. Des Weiteren identifiziert JANSEN (1998, S. 52-87) zusätzlich Schnittmengen mit der Monopolhypothese, den „economies of scale" und „-scope", der Steuer-, Hybris-, Free-Cash-Flow- und Corporate Control-Hypothese. Die skizzierten Ansätze bieten dennoch jeder für sich keine ausreichende Begründung für Mergers & Acquisitions an. Es ist zu vermuten, dass bei Unternehmenszusammenschlüssen mehrere Faktoren eine Rolle spielen und somit von einem Zusammenwirken mehrerer Erklärungsansätze auszugehen ist (Jansen 1998, S. 60). Die in dieser Arbeit vorgestellten Theorien lassen sich bei dem Versuch einer Klassifizierung in entscheidungs- und ausgestaltungsorientierte Erklärungsansätze unterteilen.

Zu den **entscheidungsorientierten Erklärungsansätzen** sind die Transaktionskostentheorie, der Market-based View, der Resource-, Capability- und Knowledge-based View zu zählen. Diese Theorien liefern eine klare Entscheidungsunterstützung zur Durchführung von M&A-Transaktionen.

Die **ausgestaltungsorientierten Erklärungsansätze** thematisieren vorwiegend, wie Akquisitionen und Fusionen ausgestaltet werden sollten, wie im Falle der Prinzipal-Agent-Theorie. Im Sinne dieses Ansatzes können Signaling- bzw. Screening-Maßnahmen wie z. B. die Beachtung von Qualitätsstandards, externe Ratings oder Durchführung einer uneingeschränkten Due Diligence zum systematischen Ausschluss von „schlechten" M&A-Partnern und zur Minimierung von Informationsasymmetrien eingesetzt werden (Wirtz 2003, S. 53-55).[18]

Die vorgestellten Theorien spiegeln sich zum großen Teil in den Motiven und Zielsetzungen zu Mergers & Acquisitions wider. Diese sind Thema des nächsten Kapitels.

2.1.4 Motive, Ziele und Risiken

Die mit Unternehmenszusammenschlüssen zusammenhängenden Motive und Zielsetzungen können so breit gefächert sein wie das Tätigkeitsfeld von Mergers & Acquisitions selbst. Kleine und mittelständische Unternehmen sind eher weniger als Großunternehmen durch strategische Überlegungen als vielmehr durch Zwangssituationen (z. B. mangelndes Eigenkapital, altersbedingte zukünftige Nachfolgeregelung) gezwungen Partnerschaften einzugehen (Gösche 1991, S. 17). Aufgrund der zuvor bereits beschriebenen Relevanz von Mergers & Acquisitions als Instrumentarium der strategischen Unternehmensführung wird diese Richtung weiter fortgeführt und der Fokus vermehrt auf strategisch begründete Motive und Zielsetzungen bei Unternehmenszusammenschlüssen gelegt.

---

[18] WIRTZ (2003, S. 56) stellt in seiner Veröffentlichung die betrachteten Erklärungsansätze in einer tabellarischen Übersicht im M&A-Kontext zusammenfassend dar.

2.1.4.1 Gründe für Mergers & Acquisitions

In der historischen zyklischen Entwicklung des M&A-Marktes lassen sich Phasen mit unterschiedlichen Motiven und Zielsetzungen differenzieren. Die nachstehende auf JANSEN (1998, S. 53) basierende Übersicht (Tabelle 2) zeigt dies am Beispiel des US-amerikanischen M&A-Marktes.

Tabelle 2 Historische Entwicklung des M&A-Marktes

Zeitraum	Strategische Zielrichtung
1880 – 1904	*1. Welle* Erreichung einer Monopolstellung durch horizontale Übernahmen
1925 – 1930	*2. Welle* Vertikale Integration Kontrolle des gesamten Produktionszyklus
1930 – 1935	„Defensive Merger" Eliminierung von Wettbewerbern durch Aufkauf und Schließung (Rationalisierung)
um 1955	Konglomeratsbildung und vertikale Integration Erste feindliche Übernahmeangebote
1965 – 1973	Ebenfalls Konglomeratsbildung Vorrangiges Ziel: „economies of scale" Externe Rationalisierungen
1965 - 1974	*3. Welle vorrangig in den USA* „anti-zyklisches Portfolio" Balance zwischen Unternehmen mit verschiedenen Produktlebenszyklen
ab 1981	*4. Welle* Strategische M&A-Transaktionen: Synergien Verbesserung des ROI Strategien: Dekonglomerisierung „back to core-business"
ab 1985	*5. Welle* M&A als Finanztransaktion Leveraged Buy-Out
90er Jahre	Shareholder Value und Globalisierung Konzentration durch Fokussierung der einzelnen Geschäftsfelder Rückgang der Finanztransaktion und Konzentration durch horizontale Akquisition
ab 2000	Erhöhung von Marktanteilen, Erschließung neuer Märkte, Erwerb von Kompetenzen (Jansen et al. 2004, S. 41)

Quelle: In Anlehnung an JANSEN (1998, S. 53)

Das unternehmerische Verhalten während der M&A-Zyklen ist sehr stark durch die Gesetzgebung und das wirtschaftliche Umfeld geprägt. Die Gründung der World Trade Organization (WTO) in den 1980er Jahren sowie die weltpolitischen bzw. weltwirtschaftlichen Änderungen (Europäische Union, Deutsche Wiedervereinigung, Zerfall der Sowjetunion, Ende des Kalten Krieges) ebneten den Weg für weltweite

Expansionen (Robert 2002, S. 9-10; WTO 2008).[19] Fortschritte in der Informations- und Kommunikationstechnologie unterstützten die gute Situation an den Finanzmärkten in den 1990er Jahren durch sinkende Transaktionskosten und eine erhöhte Durchlaufgeschwindigkeit von Informationen (SPD 2001, S. 7-8). Dies förderte zusätzlich die bei Unternehmenszusammenschlüssen immer gebräuchlichere Finanzierungsart durch Aktientausch. Des Weiteren führte die Deregulierung und Privatisierung vormals staatlich beherrschter Märkte in diesem Zeitraum zu einer hohen Dynamik auf dem M&A-Sektor. Viele Unternehmen mussten, um weiterhin flexibel und schnell auf die Marktbedürfnisse reagieren zu können oder um an den neuen liberalisierten Märkten teilzuhaben, nach geeigneten Partnern Ausschau halten (Robert 2002, S. 10).[20]

Das ökonomische Verhalten der Unternehmen nach Sicherung und Aus- bzw. Aufbau von strategischen Erfolgspositionen kann durch die strategieorientierten Ansätze erklärt werden (Kapitel 2.1.3.2). Aufgrund ihrer Größe, eingeschränkter Ressourcen, hoher Markteintrittsbarrieren, technologischer und ökonomischer Bedingungen oder gesetzlicher Vorschriften sind für viele Unternehmen Zusammenschlüsse mit Wettbewerbern (externes Wachstum) oft der einzige Weg, rentabel an bestehenden und neu zu erschließenden Märkten bestehen zu können.

VIELBA und VIELBA (2006, S. 19-22) identifizieren auf den verschiedenen wissenschaftlichen Theorien aufbauend vier wichtige Gründe, warum Mergers & Acquisitions vor diesem Hintergrund „good business" sind.

- *Products and markets*: Der Markt für Güter und Dienstleistungen unterliegt ständigen Wechseln. Internationale Marken und neue Technologien gelangen durch globales Marketing schnell in andere Länder und sorgen dort für einen Anstieg der Kundenbedürfnisse. Insbesondere der Boom des nicht an Grenzen gebundenen E-Commerce macht den Aufbau eines weltweiten Unternehmensnetzwerkes unerlässlich, damit auf soziokulturelle und

---

[19] Die WTO nahm zwar erst am 01.01.1995 ihre Arbeit auf, die grundlegenden Verhandlungen zur Gründung der WTO wurden aber schon während der Uruguayer Runde von 1986 bis 1994 geführt. (WTO 2008)

[20] Beispiel Mobilfunkmarkt Anfang der 1990er Jahre: VIAG Interkom (jetzt o2 GmbH) als ehemaliges Joint Venture des Energieversorgungsunternehmens VIAG AG (jetzt E.ON AG) mit der British Telecom oder E-Plus Mobilfunk GmbH mit den damaligen Hauptgesellschaftern Veba AG, Thyssen AG und RWE AG.

technologische Einflüsse bzw. Veränderungen schnell reagiert werden kann (Vielba und Vielba 2006, S. 20-21).

- *Costs*: Viele Unternehmen können erst durch die Produktion hoher Stückzahlen rentabel arbeiten (z. B. Autoindustrie, pharmazeutische Industrie). Im Zuge der Globalisierung wurde Unternehmen der Zugriff auf neue Kapital- und Arbeitsmärkte ermöglicht. In Verbindung mit der rasanten Entwicklung in der IKT und der darauf basierenden Standardisierung von Methoden und Prozessen eröffnen sich für Unternehmen nunmehr neue Möglichkeiten, durch Mergers & Acquisitions Kosten zu minimieren (Vielba und Vielba 2006, S. 21).[21]

- *Business environment*: In diesem Kontext heben sich besonders gesetzliche Bestimmungen und Technologien als Kernfaktoren heraus. CHILD ET AL. (2001) sehen in erstgenanntem die wichtigste Triebkraft im (internationalen) M&A-Bereich, da je geringer der Staat regulatorisch in Marktsegmente eingreift, desto einfacher ist es für Unternehmen, Güter und Dienstleistungen über die eigenen Grenzen hinaus anzubieten, in Anspruch zu nehmen oder zu transferieren. Bestehende und neuartige Technologien lassen aus informations- und kommunikationstechnischer Perspektive reale Grenzen vergessen (Vielba und Vielba 2006, S. 21-22).

- *Competition*: Die dargestellten Veränderungen (Unternehmensstrukturen, komplexere Wertschöpfungsketten, gestiegener Wettbewerb um Ressourcen) führen dazu, dass Unternehmen sich einem weltweiten Wettbewerb stellen müssen. Räumliche und organisatorische Grenzen verwischen dabei zusehends. Insbesondere großen Unternehmen ist es möglich, durch gezielte internationale Mergers & Acquisitions aggressive globale Strategien zu verfolgen (Vielba und Vielba 2006, S. 22).

Sämtliche bislang dargestellten Motive weisen ökonomische Eigenschaften auf. In der Praxis existieren aber daneben weitere, eher psychologische Ansätze für Unternehmenszusammenschlüsse. Verschiedene Theorien legen nahe, dass persönliche

---

[21] Zum Beispiel gab der finnische Nokia-Konzern Anfang 2008 bekannt, dass der Produktionsstandort Bochum aus Kostengründen in andere europäische Länder verlagert wird, um „[...] die Wettbewerbsfähigkeit von Nokia langfristig zu sichern [...]" (Nokia 2008).

Motive des Managements zur eigenen Nutzenmaximierung einen nicht zu vernachlässigenden Faktor im Kontext von Mergers & Acquisitions darstellen.[22]

Vor dem Hintergrund der in Kapitel 2.1.3 beschriebenen wissenschaftlichen Erklärungsansätze und den in diesem Abschnitt vorgestellten Motive lassen sich die Gründe für M&A-Entscheidungen nach WIRTZ (2003, S. 57-71) in der folgenden Abbildung in drei Kategorien einteilen.[23]

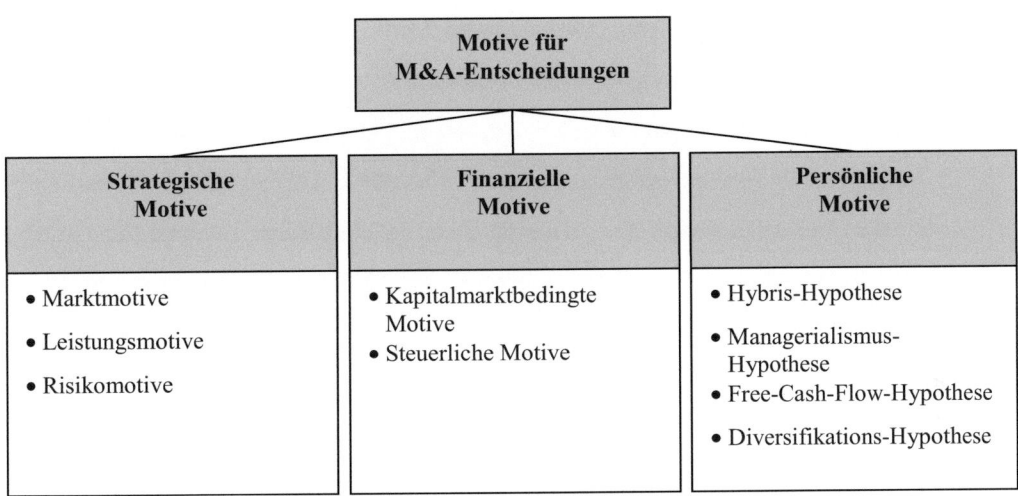

Bild 5 Motive für M&A-Entscheidungen
Quelle: In Anlehnung an WIRTZ (2003, S. 57)

2.1.4.2 Ziele bei Mergers & Acquisitions

Die Kategorisierung der Motive für M&A-Entscheidungen stellt die Grundlage zur Ableitung von unternehmensspezifischen M&A-Zielen dar (Paprottka 1996, S. 23). Diese sollten aber zur Zielformulierung nie alleinstehend, sondern im Gesamtkontext betrachtet werden und immer an einer den obersten Unternehmenszielen entsprechenden Wachstumsstrategie orientiert sein.[24] Ausgehend von dem allumfassenden Bestreben nach Gewinnmaximierung, identifiziert

---

[22] In diesem Zusammenhang können die Hybris-Hypothese, die Managerialismus-Hypothese, die Free-Cash-Flow-Hypothese sowie die Diversifikations-Hypothese betrachtet werden (Jansen 1998, S. 57-58). Im weiteren Verlauf der Arbeit werden diese Ansätze aber weitestgehend vernachlässigt.

[23] WIRTZ (2003, S. 57-76) unterscheidet grundsätzlich zwischen Motiven aus Käufer- und Verkäufersicht. In dieser Untersuchung findet keine spezifische Betrachtung der Käufer- bzw. Verkäuferperspektive statt.

[24] Beispiel Portfoliotheorie: Eine reine finanziell motivierte Betrachtung unter Risikoaspekten würde Aspekte der Unternehmensführung vernachlässigen (Kapitel 2.1.3.2.3).

ROBERT (2002, S. 12-14) grundsätzlich drei Kategorien von Zielen, die einen Querschnitt zu den strategischen, finanziellen und persönlichen Motiven bilden.[25]

- *Erzielung von (positiven) Synergieeffekten:*[26] Die Realisierung von Synergieeffekten gilt als ein Hauptmotiv bzw. –ziel für die Durchführung von Mergers & Acquisitions (Hase 1996, S. 30; Paprottka 1996, S. 39). Etymologisch entstammt der Begriff „*Synergie*" dem griechischen „*syn*" und „*ergon*" und lässt sich mit „*zusammenwirken*" übersetzen. Ursprünglich in den Naturwissenschaften angewendet, bezeichnet er das Zusammenwirken von Substanzen, Organen und Organsystemen mit einer überadditiven Wirkung als Resultat und wurde erstmals durch PENROSE (1959) im Rahmen ihrer Diversifikationsstrategie für wirtschaftwissenschaftliche Zwecke beschrieben (Paprottka 1996, S. 41).[27] Seitdem hat sich der Synergiebegriff auf unterschiedlichste Fachgebiete der Wirtschaftswissenschaften ausgeweitet, so dass eine einheitliche Definition nicht existent ist (Biberacher 2003, S. 8-12).[28] Im Zusammenhang mit Unternehmenszusammenschlüssen sieht ROPELLA (1989, S. 185) Überlegungen zu Synergieeffekten als die Suche nach Möglichkeiten an, „[…] wie durch das Zusammenwirken zweier Unternehmen auf den unterschiedlichsten Gebieten eine Gewinnsteigerung erreicht werden kann." Erkenntnisse der vergangenen M&A-Welle haben aber gezeigt, dass Synergieeffekte nicht zwangsläufig nur effizienzsteigernde, sondern in vielen Fällen auch kontraproduktive Auswirkungen haben können (Jaeger 2001, S. 6-10). In diesem Kontext erscheint es sinnvoll, der neutralen Definition von REIßNER (1992, S. 107) zu folgen:

---

[25] Eine einheitliche systematische Aufteilung der Ziele ist in der Literatur nicht vorhanden. So kategorisiert HASE (1996, S. 28-36) nach rationalen, spekulativen und persönlichen Zielen, während PAPROTTKA (1996, S. 23-33) innerhalb seines Zielsystems den Eigenschaften Flexibilität und Risikodiversifikation die größte Bedeutung beimisst. Die Eigenschaften der gewählten Darstellung lassen sich aber auch als Unterpunkte bei den genannten Autoren wiederfinden.

[26] In der Literatur werden die Begriffe „*Synergie*" und „*Synergieeffekt*" synonym verwendet (Paprottka 1996, S. 42).

[27] Für ROPELLA (1989, S. 176) ist die Übertragung des Synergiekonzeptes auf den wirtschaftswissenschaftlichen Bereich „[…] zeitlich ziemlich genau auf das Jahr 1965 zurückzuführen." In diesem Jahr erschien ANSOFF's (1965) „Corporate Strategy".

[28] BIBERACHER (2003, S. 9-12) beschäftigt sich in seiner Veröffentlichung ausführlich mit der Thematik der unterschiedlichen Begriffsdefinitionen.

„Synergieeffekte sind akquisitionsbedingte Veränderungen gemeinsamer strategischer Erfolgspotentiale der Akquisitionsbeteiligten gegenüber ihren Einzel-Erfolgspotentialen."

Zusammenfassend auf Mergers & Acquisitions bezogen bringt das Ziel der Synergie zum Ausdruck, dass durch die Koordinierung und Integration einzelner oder gesamter, innerhalb von M&A-Projekten betroffener, Funktionsbereiche grundsätzlich ein größerer Erfolgsbeitrag für die M&A-Partner durch einen Zusammenschluss möglich wird als bei einer eigenständigen Weiterführung der Unternehmen (Hase 1996, S. 31). PAPROTTKA (1996, S. 65) weist aber auch darauf hin, dass positive Synergieeffekte nicht automatisch entstehen, sondern Ergebnis einer bewusst und gezielt erarbeiteten und durchgeführten Integrationsstrategie sind. Dies drückt sich z. B. in Maßnahmen zur Personaleinsparung oder der Vereinheitlichung der Produktion zur Effizienzsteigerung und allen voran in einer klaren Kommunikation der zugrunde liegenden Vision und Strategie aus (Robert 2002, S. 13).[29]

- *Stärkung der Marktmacht*: Eng an PORTER's (1990) wettbewerbstheoretische Überlegungen der fünf Triebkräfte gebunden (Bild 3), erhoffen sich Unternehmen durch einen Zusammenschluss eine Stärkung ihrer Marktmacht gegenüber Lieferanten, Abnehmern und eventuellen Kreditgebern.

- *Stärkung der Wettbewerbsposition*: Durch die Zunahme an Marktmacht ergibt sich wiederum ein Zuwachs von Marktanteilen, der zu einer stärkeren Wettbewerbsposition gegenüber Mitbewerbern führt. Eine an den drei Wettbewerbsstrategien (Kostenführerschaft, Differenzierung, Nischenstrategie) ausgerichtete Unternehmenspolitik kann den Ausbau dieser Position weiter begünstigen.

Die Aktivitäten im M&A-Bereich bergen neben zahlreichen Chancen ebenso viele Risiken, die einen Erfolg des Projektes verhindern können. Empirische Untersuchungen kommen zu dem Schluss, dass bei ca. 60 % aller M&A-Transaktionen die vorher

---

[29] Im Folgenden wird der Ausdruck *„Synergie"* dem „positiven" Begriffsverständnis entsprechend verwendet.

definierten Erfolgsziele nicht erreicht werden (Jansen et al. 2004, S. 39). Der folgende Abschnitt geht deshalb näher auf die Risikoproblematik bei Mergers & Acquisitions ein.

2.1.4.3 Risiken bei Mergers & Acquisitions

Die sowohl quantitativen als auch qualitativen Gründe für die hohe Misserfolgsquote bei M&A-Transaktionen sind vielfältig. PACK (2000, S. 221) nennt allen voran die unzureichende Kenntnis der zukünftigen Geschäftsstrategie, die Überschätzung von Synergiepotenzialen und eine mangelhafte Integration des Transaktionsobjektes. Die sogenannte *„Due Diligence"* stellt in diesem Zusammenhang ein zentrales Werkzeug zur systematischen Analyse des Transaktionsobjektes dar.[30] Ziel der Due Diligence ist, bestehende Informationsasymmetrien zwischen den Vertragspartnern, insbesondere zwischen Käufer und Verkäufer bei Übernahmen und Fusionen, abzubauen und spätere Entscheidungen auf einer überprüften Grundlage abwickeln zu können (Wirtz 2003, S. 185-186; Kapitel 2.1.3.1.2). Die Due Diligence kann in folgende Untersuchungs-bereiche systematisiert werden:

- Financial Due Diligence,
- Marketing Due Diligence,
- Human Resources Due Diligence,
- Cultural Due Diligence,
- Legal and Tax Due Diligence,
- Organizational und IT Due Diligence sowie
- Environmental Due Diligence.

Wie die Analysegebiete der Due Diligence zeigen, können M&A-Risiken von zahlreicher Natur sein.[31] Dementsprechend stellt eine akribische Überprüfung und Identifikation der Risiken in diesen Bereichen das Fundament für eine erfolgreiche M&A-Transaktion dar. An dieser Stelle erweist sich aber als problematisch, dass Manager und Berater, in Intervallen verstärkter Fusionsaktivitäten, immer weniger Zeit

---

[30] Der Begriff *„Due Dilligence"* stammt aus der angelsächsischen Rechtswissenschaft und bedeutet in etwa „mit der gebührenden bzw. erforderlichen Sorgfalt" (Pack 2002, S. 269-270).
[31] Eine Analyse der einzelnen Due Dilligence-Bereiche ist im Rahmen dieser Arbeit zu umfassend. Für einen ersten Überblick sei auf Wirtz (2003, 185-197) verwiesen.

von Unternehmensleitungen zugewiesen bekommen, um eine umfangreiche Due Diligence durchzuführen (Picot 2000, S. 49).

Ist erstmal eine Entscheidung für einen Unternehmenszusammenschluss gefallen, können während des weiteren M&A-Projektverlaufs weitere Risiken entstehen, die zum großen Teil auf einem mangelnden Integrationskonzept basieren.

Die im Rahmen dieser Arbeit behandelte IT-Integration bei Mergers & Acquisitions ist laut einer Umfrage der Unternehmensberatung und Wirtschaftsprüfungsgesellschaft PRICEWATERHOUSECOOPERS (2000, S. 6) aus dem Jahre 1999 für 72 % der befragten Unternehmen eine der drei Hauptschwierigkeiten in der Post-Deal-Phase bei M&A-Projekten. Der zunehmende Einfluss der IT in diesem Bereich wird daran deutlich, dass zwei Jahre zuvor nur 39 % der befragten Unternehmen die gleiche Aussage trafen. Die Betrachtung der IT im Allgemeinen wird in Kapitel 2.2 und die Identifikation der darauf basierenden Risiken und möglicher IT-Integrationsmodelle bei M&A-Transaktionen in Kapitel 3, 4 und 5 Teil dieser Arbeit sein.

Die weiteren in der Umfrage genannten Hauptschwierigkeiten in der Post-Deal-Phase sind die unterschiedlichen Unternehmensphilosophien und Managementführungsstile. (PricewaterhouseCoopers 2000, S. 6) Diese sind in den Bereich der *„kulturellen Risiken"* einzuordnen und haben in der Vergangenheit schon zum Misslingen von einigen Unternehmenszusammenschlüssen geführt (Jaeger 2001, S. 70-71; Pribilla 2002, S. 429-434). Im Konsens der genannten Umfrage ist auch das Risiko der Geschwindigkeit, mit der die Integration bei Mergers & Acquisitions vollzogen wird, ein in der Literatur häufig zu findender Diskussionspunkt. FELDMAN und SPRATT (2000) vertreten die Theorie, dass mangelnde Geschwindigkeit sich negativ auf die Akzeptanz innerhalb des Unternehmens und bei den Anteilseignern, die Realisierung neuer Marktchancen und die Wettbewerbsstellung auswirkt. Diese These lässt sich durch die von PwC (PricewaterhouseCoopers 2000) durchgeführte Studie stützen: schneller durchgeführte M&A-Projekte waren demnach aus strategischer und finanzieller Perspektive um durchschnittlich ca. 33 % erfolgreicher als vergleichbar langsam durchgeführte.[32] Es ist jedoch festzuhalten, dass sich eine exakte vergleichende Betrachtung von Mergers & Acquisitions als schwierig erweist, da die vorliegenden Unternehmensstrukturen und sonstigen Rahmenbedingungen nie genau übereinstimmen

---

[32] An dieser Stelle sei angemerkt, dass FELDMAN und SPRATT (2000) zum Zeitpunkt ihrer Buchveröffentlichung bei PwC angestellte Berater waren. (Feldman und Spratt 2000, Buchrückseite)

können. Demgemäß vertreten Autoren wie z. B. JANSEN ET AL. (2004, S. 29) oder COURTH ET AL. (2008) die Meinung, dass zwischen Erfolg und Misserfolg einer M&A-Transaktion „Geschwindigkeit doch nicht den Unterschied macht", sondern eher ein den durchzuführenden Integrationsmaßnahmen individuell angepasstes Tempo.

Die dargestellten Risiken beschreiben ansatzweise das umfangreiche Spektrum eines M&A-Vorhabens. Ohne eine minutiöse Planung sind solche Projekte schon in frühen Stadien zum Scheitern verurteilt. Im nächsten Abschnitt wird deshalb die Planung und Durchführung von Mergers & Acquisitions anhand eines gängigen Phasenmodells thematisiert.

2.1.5 Die Planung und Durchführung von Mergers & Acquisitions

Die komplexe zeitaufwendige Natur der Unternehmenszusammenschlüsse hat dazu geführt, dass sich in der Literatur eine Vielzahl von phasenbasierten Vorgehensmodellen finden lassen (Picot 2002a; Wirtz 2003; Berens et al. 2005a; Seidenschwarz 2006). Diese Modelle unterscheiden sich hinsichtlich des Beginns eines M&A-Prozesses und der Abgrenzung zwischen den einzelnen Phasen. Ohne explizit auf die Unterschiede zwischen den separaten Ansätzen einzugehen, wird der allgemeinen Gliederungslogik zu M&A-Transaktionen gefolgt, die zwischen Vorbereitungsphase (Pre-Merger-Phase), der Transaktionsphase und der Integrationsphase (Post-Merger-Phase) unterscheidet. [33]

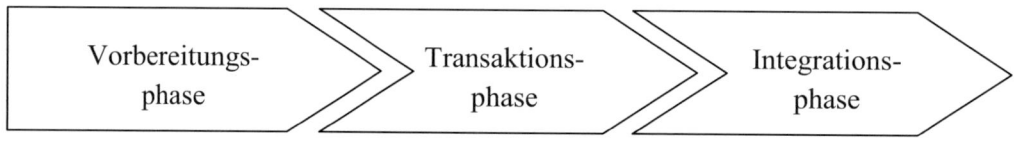

Bild 6 Vereinfachte Darstellung des M&A-Phasenmodells
Quelle: Eigene Darstellung

Die dargestellten Abschnitte orientieren sich an den aus der rationalen Entscheidungstheorie bekannten Phasen der Zielbildung, Problemanalyse, Alternativensuche, Bewertung, Entscheidung, Realisierung und Kontrolle (Berens et al. 2005a, S. 50).

---

[33] Eine zusammenfassende Darstellung der Tätigkeiten in den einzelnen Phasen lässt sich in der Serie „Mergers & Acquisitions optimal managen" im Handelsblatt (Picot et al. 1999) finden.

2.1.5.1 Die Vorbereitungsphase (Pre-Merger-Phase)

Zu Beginn jeder M&A-Transaktion steht die strategiebestimmte Entscheidung für das externe Wachstum (Rentrop 2003, S. 35). Im Rahmen dieser Überlegung wird mit „[…] internen Vorarbeiten, Studien und Analysen des Unternehmens, seines Wettbewerbsumfeldes, des Marktes und der angedachten und denkbaren Entwicklungsmöglichkeiten […]" begonnen (Picot 2002a, S. 20).[34] Folgt man dem Ansatz von WIRTZ (2003, S. 108-109), so lassen sich die Aktivitäten in drei Kategorien einordnen.[35]

- *Strategieentwicklung*: Die Funktion der Strategieentwicklung ist, die erfolgversprechendste Strategie zur Erreichung der strategischen Ziele zu identifizieren und auszuformulieren. Im Zuge dessen werden umfangreiche Umfeld-, Branchen-, Markt- und Unternehmensanalysen sowie ein unternehmenseigenes Stärken/Schwächen- bzw. Chancen/Risiken-Profil (SWOT-Analyse) erstellt. Ebenfalls sind geeignete strategische Maßnahmen zu ergreifen, falls durch die vorangegangenen Analysen strategische Lücken gegenüber den ursprünglich festgelegten Unternehmenszielen aufgedeckt werden.

- *Festlegung der M&A-Strategie*: Die Formulierung von Motiven und Zielen bezüglich der anstehenden Transaktion steht bei der Festlegung der M&A-Strategie im Vordergrund. Ein auf den Analysedaten der Strategieentwicklungsphase basierender Kriterienkatalog für Zielunternehmen kann frühzeitig helfen, die Entwicklungsrichtung des M&A-Projektes vorzugeben. Falls der Aufbau eigener M&A-Kompetenzen zu zeitaufwändig ist, muss außerdem beschrieben werden, in welchem Maße externe Dienstleister in den Prozess eingebunden werden.

- *Organisation und Steuerung des M&A-Prozesses*: Zur Steuerung der M&A-Transaktion ist eine geeignete Aufbau- und Ablauforganisation zu implementieren. Insbesondere bei der Aufbauorganisation ist „[…] zwischen

---

[34] Die beschriebenen Tätigkeiten in dieser Phase stehen im Bezug zu den wissenschaftlichen Erklärungsansätzen in Kapitel 2.1.3.

[35] Wirtz (2003, S. 108-109) bezieht seine Kategorisierung primär auf Übernahmen und Fusionen, merkt gleichzeitig aber auch an, dass seine Ausführungen auch allgemeinperspektivisch gelten.

den Vor- und Nachteilen des Akquisitionsmanagements durch eine Projektorganisation, Fachabteilungen, operative Bereiche oder eine eigenständige M&A-Abteilung abzuwägen" (Wirtz 2003, S. 108). Die Ablauforganisation hat zur Aufgabe, die interne und externe Kommunikationspolitik sowie die Ausgestaltung des Controllings festzulegen.

Zum Ende der Pre-Merger-Phase sollte eine ausformulierte Akquisitions- bzw. Fusionsstrategie mit eindeutigem Bezug zu künftigen Managementaktivitäten vorliegen, so dass ein nahtloser Übergang in die Transaktionsphase gewährleistet ist.

2.1.5.2 Die Transaktionsphase

Die Transaktionsphase umfasst die Erarbeitung und Formulierung sämtlicher vertraglicher Details und letztendlich die Vertragsunterzeichnung. Wie bereits die zuvor genannte Vorbereitungsphase lässt auch sie sich systematisch gliedern (Jansen 1998, S. 157; Wirtz 2003, S. 171):

- *Vorvertragliche Phase*: Die in der Vorbereitungsphase formulierte M&A-Strategie dient in der vorvertraglichen Phase dazu, geeignete M&A-Partner zu sondieren („*Strategic Screening*") und mit ihnen in erste Verhandlungen einzutreten (Jansen 1998, S. 157). Der sogenannte „*Letter of Intent*" und ein „*Non-Disclosure-Agreement*" bezeugen einerseits das gemeinsame Interesse an detaillierten Vorvertragsverhandlungen und verpflichten andererseits zu einer vertraglichen Geheimhaltungspflicht. Die umfangreichen Prüfungen im Rahmen der Due Diligence finden ebenfalls in dieser Phase statt und bilden die Grundlage für die weiteren Verhandlungen (Wirtz 2003, S. 184).

- *Kaufpreisermittlung und Finanzierung*: Im Rahmen der Kaufpreisermittlung wird eine umfangreiche Unternehmensbewertung vollzogen und über Preisabsicherungen, Garantien und Gewährleistungen verhandelt. Am Ende dieser Phase steht die Einigung über den Kaufpreis und eine Entscheidung über die Finanzierungsart der M&A-Transaktion.[36]

---

[36] Ein Überblick der verschiedenen angewandten Verfahren und zu beachtenden Grundsätze ist bei ROCK (1987, S. 163-246) zu finden.

- *Vertragsphase und wettbewerbsrechtliche Prüfung*: Ist eine Einigung über den Kaufpreis erzielt worden, so gilt es für den weiteren Verlauf der M&A-Transaktion, die rechtlichen Rahmenbedingungen zu prüfen. In diesem Kontext sind besonders die Bestimmungen des Wertpapierübernahmegesetzes (WpÜG), des Kartellrechts und eventuell des Umwandlungsgesetzes zu beachten. Nach einer positiven Überprüfung wird nach der Unterzeichnung eines Vorvertrages der eigentliche M&A-Vertrag (*„Signing"*) geschlossen, in dem in primär wirtschaftsjuristischer Sprache der Unternehmenszusammenschluss in allen seinen Facetten fixiert wird. Den Abschluss der Vertrags- bzw. Transaktionsphase und somit den Übergang zur Integrationsphase bildet das sogenannte *„Closing"*, in dem das weitere Vorgehen und Übergabe- bzw. Übergangstermine festgelegt werden.

2.1.5.3 Die Integrationsphase (Post-Merger-Phase)

Die Integrationsphase bildet den Abschluss der M&A-Transaktion und umfasst alle Zusammenführungsaktivitäten, um die angestrebten Synergiepotenziale zu erschließen.[37] Die Komplexität dieser Phase macht eine strukturierte Vorgehensweise unerlässlich. Im Wesentlichen geht es in diesem Abschnitt um die Abgrenzung des Integrationsgrades, die Bestimmung des Integrationszeitpunktes, die Zusammensetzung des Integrationsteams und die Planung der Integrationsaktivitäten (Hase 1996, S. 58-59).

Viele Autoren sind sich in neueren Veröffentlichungen zu Mergers & Acquisitions einig, dass der M&A-Erfolg zu einem Großteil von einer adäquaten, gut geplanten und geführten Integrationsphase abhängt (Jansen 1998, S.202; Vogel 2002, S. 235). Diese Meinung lässt sich durch eine von A. T. KEARNEY (1999) durchgeführte empirische Untersuchung stützen. In der allgemeinen M&A-Literatur lässt sich aber auch für diese Projektphase keine einheitliche Abgrenzung der Tätigkeiten ausmachen. Grundsätzlich lässt sich aber eine allgemeine Gliederungslogik skizzieren (Jansen 1998, S. 202; Wirtz 2003, S. 271):

---

[37] In der Literatur werden die Terme *„Integrationsphase"*, *„Integrationsmanagement"*, *„Post-Merger-Integration"* sowie *„Post-Merger-Management*" wie im weiteren Verlauf dieser Arbeit weitestgehend synonym verwendet (Wirtz 2003; Rentrop 2004).

- *Integrationskonzeption:* Die Konzeptionsphase bildet die Basis für eine erfolgreiche M&A-Integration. Die Definition der Integrationsziele und Erfolgsfaktoren hat in diesem Abschnitt oberste Priorität. Dabei lassen sich nach KOCH (2002, S. 391) drei Bereiche unterscheiden: die Entwicklung einer Vision, die Identifikation von Wertsteigerungspotenzialen sowie die Sicherstellung der Funktionalität des neuen Unternehmens. Aufgabe der Integrationskonzeption ist darauf aufbauend die Erfolgsfaktoren zur Zielerreichung abzuleiten und als Orientierungsraster für die folgenden Tätigkeiten vorzugeben. Darauffolgend ist eine detaillierte Planung des Integrationsablaufs zu erstellen, die möglichst alle strategischen und operativen Maßnahmen zur Integration enthalten sollte, sowie einen Zeitrahmen, die Aufgabenverteilung und Verantwortlichkeiten definiert (Wirtz 2003, S. 111). Die Integrationsmaßnahmen sind dabei von dem gewünschten Integrationsgrad und der geplanten Geschwindigkeit abhängig.

Die Zusammensetzung eines geeigneten Managementteams zur Planung, Steuerung und Kontrolle der Integrationsphase ist ein essentieller Erfolgsfaktor für eine erfolgreiche Integrationsplanung. In der Literatur lassen sich diesbezüglich verschiedene Ansätze, z. B. die „Linking Pins"-Theorie [38], finden. Der mit der Planung von Integrationsaufgaben beauftragte Personenkreis sollte dabei je nach den betroffenen Unternehmensbereichen ausgewählt werden und kann aus Vertretern von allen beteiligten Unternehmen und eventuellen externen Beratern bestehen (Hase 1996, S. 67-70). Aufgrund der komplexen Eigenschaften von M&A-Transaktionen hat sich in der wissenschaftlichen Diskussion der Einsatz von Projektmanagementansätzen in dieser Phase als sinnvoll erwiesen. Diesbezüglich sind eine institutionale, eine funktionale und eine instrumentale Dimension zu unterscheiden. Die institutionale Perspektive fokussiert die an dem Projekt beteiligten Personengruppen und ihre Verantwortlichkeiten, während die funktionale sich mit dem wahrzunehmenden Tätigkeitsspektrum des Projektes und die instrumentale Dimension sich mit dem zur Projektrealisierung zur Anwendung kommenden Instrumentarien befasst (Wirtz 2003, S. 111-112).

---

[38] Das System überlappender Gruppen, die „Linking Pins"-Theorie, besagt zusammenfassend, dass ein Höchstmaß an Effizienz bezüglich Entscheidungsqualität und –geschwindigkeit erreicht wird, wenn bestimmte Personen Mitglieder verschiedener Gruppen sind (Kreikebaum 1975, S. 23-24).

- *Integrationsdurchführung:* Die in der Konzeptionsphase spezifizierten Entscheidungen zielen auf verschiedene Ebenen der Unternehmensstruktur ab (Hase 1996, S. 75-76; Jansen 1998, S. 208; Wirtz 2003, S. 112-113). JANSEN (1998, S. 208) stellt in seiner Übersicht (Bild 7) die Zielebenen der Integrationsdurchführung mit den einzelnen zu beachtenden Maßnahmen dar:[39]

Sechs Zielebenen der Integration

- **Strategische Integration:** Strategiekomplementarität, Geschäftsfeldintegration (Eingliederung als Profitcenter, Zielvorgaben aus der Portfolioanalyse), Definition gemeinsamer strategischer Neuausrichtung, Absprache über Kunden-, Führungs-, Innovations-, Zukunfts- und Wettbewerbsorientierung,

- **Organisatorische und administrative Integration:** Aufbauorganisatorische Integration (Schnittstellenklärung), Prozessintegration (Standardisierung von Planungs- und Kontrollabläufen, Harmonisierung vom internen und externen Rechnungswesen, Bilanzrichtlinien), finanztechnische und fiskalische Integration (zentrales Cash-Flow-Management, Aufdeckung von stillen Reserven, Kreditlinienmanagement, Risiko- und Anlagemanagement), Controlling Integration (Berichtswesen und Steuerungsinstrumentarium), System-Integration (Harmonisierung und Vernetzung der Informations- und Kommunikationstechnologie), Recht und Steuern,

- **Personelle Integration:** Führungsstil, Anreizsysteme, Vergütungssysteme, Personalentwicklung, Konfliktbewältigung, Projektmanagement, Sozialisation, Kommunikations- und Entscheidungsstrukturen,

- **Operative Integration:** Konsolidierung von Produktlinien, Produktionstechnologien, Forschungsprojekten, Standorten, Fertigungsstätten, Kostensynergien (Doppelbesetzungen, Auslastungsoptimierung, Zusammenlegung der Serviceleistungen), Integration Einkauf (Zentralisierung, Rahmenverträge, Kernlieferantenselektion), Integration Logistik (Fuhrparkoptimierung, interne Logistik, Optimierung der Logistik- und Vertriebsregionen sowie der Standortpolitik), Integration Vertrieb (Marketing, Kundenklassifizierung, Reorganisation des Vertriebsnetzes), Entscheidung über Fertigungtiefe,

- **Externe Integration:** Kommunikation und Einbindung von Analysten, Kunden, Lieferanten, Beratern, anderen Stakeholdern.

Bild 7 Sechs Zielebenen der Integration

Quelle: JANSEN (1998, S. 208)

Die beschriebenen Maßnahmen werden zur weiteren Bearbeitung innerhalb des Projektportfolios gemäß den Leitgedanken der Visionsumsetzung, der beabsichtigten Wertsteigerungspotenziale und der Sicherstellung der Funktionalität des Unternehmens priorisiert, so dass eine adäquate Ressourcenverteilung erfolgen kann. Um diese zu ermöglichen, ist eine strukturierte Projektorganisation zur Durchführung und Steuerung der Arbeitsschritte erforderlich (Koch 2002, S. 400). WIRTZ (2003, S. 112-113) merkt in diesem Zusammenhang besonders die herausragende Bedeutung der *„informationsorientierten Integration"* für heutige

---

[39] Die Darstellung verdeutlicht ebenfalls die bisher oft beschriebene Komplexität von M&A-Transaktionen insbesondere in der Post-Merger-Phase.

Mergers & Acquisitions an. In diesen Bereich fällt die Integration der Informations- und Kommunikationstechnologie bzw. –politik sowie des Wissensmanagements. Neben der Generierung einer einheitlichen, hoch verfügbaren und zuverlässigen Datenbasis als Grundlage gemeinsamer Entscheidungen stellt unter anderem die Stärkung sogenannter *„Soft facts"*, wie z. B. Motivation, Vertrauen und Commitment der Mitarbeiter, einen wesentlichen Erfolgsfaktor für die Gesamttransaktion dar. Eine weitere zentrale Rolle fällt dem Wissensmanagement zu. Der Erwerb von neuem Wissen stellt ein Hauptmotiv für Unternehmenszusammenschlüsse dar, so dass ein Verlust des vorhandenen Wissens und Know-Hows erheblichen negativen Einfluss auf den M&A-Erfolg haben kann.

- *Integrationscontrolling:* Dem Integrationscontrolling wird in neueren Veröffentlichungen zu Mergers & Acquisitions ein hoher Stellenwert eingeräumt (Wirtz 2003, S. 114). Voraussetzung für das Integrationscontrolling ist, aufgrund der Eigenschaft des Controllings als qualitatives und quantitatives Steuerungsinstrument, eine prozessorientierte Betrachtung der M&A-Transaktion. Die Planungs-, Kontroll- und Anpassungskonzepte müssen vom Beginn der Integrationsphase in den Projektablauf integriert werden, um frühzeitige Abweichungen bezüglich des Zeitrahmens, der Kosten und sonstiger Planabweichungen zu identifizieren.

Zum Ende der Integrationsphase ist es sinnvoll, eine Erfolgskontrolle über den Zielerreichungsgrad (Post-Merger-Audit/Review) durchzuführen. Die Analyse verschiedener Maßstäbe, wie z. B. Zeit, Erfolg und Kosten, sollte in einem aussagefähigen Kennzahlensystem zusammengefasst werden, so dass eine möglichst genaue Aussage über den M&A-Erfolg geliefert wird (Jansen 1998, S. 209).
Im Anschluss an die Integrationsphase kann nach WIRTZ (2003, S. 114-118) eine weitere Phase folgen, die *„Demerger-Phase"*. Sie tritt ein, wenn sich die Unternehmensführung aufgrund von unrentablen akquirierten Geschäftsbereichen oder Unternehmensanteilen entschließt, diese wieder zu veräußern bzw. sich von ihnen zu trennen. Das Demerger-Management wird im weiteren Verlauf der Arbeit aber nicht weiter betrachtet.

Im Hinblick auf das Thema dieser Arbeit bietet das M&A-Management an dieser Stelle den ersten Schnittpunkt. Das Post-Merger-Integrationsmanagement findet in jüngster Vergangenheit immer mehr Beachtung, so dass durch die Entwicklung von einigen Vorgehensmodellen und –methoden eine systematische Analyse der Integration bei Mergers & Acquisitions möglich ist (Rigall und Hornke 2007). Für den weiteren Verlauf gilt aber, das Integrationsobjekt, in diesem Falle die Informationstechnologie (Kapitel 2.2), und das Integrationsverständnis der Informationstechnologie (Kapitel 3.1.2) und Mergers & Acquisitions (Kapitel 3.1.1) zu definieren und abzugrenzen. Im folgenden Abschnitt werden zunächst die Informationstechnologie und ihre Bedeutsamkeit zum strategischen Unternehmenserfolg betrachtet.

2.2 Die Informationstechnologie

Die Terme *„Informationstechnologie"* oder *„Informationstechnik"* stehen für eine Vielzahl weiterer Begriffe, wie z. B. die Informations- und Datenverarbeitung, die Telekommunikation (Laudon et al. 2006, S. 29), die Informatik sowie Computer bzw. Computerklassen (Holey et al. 2007, S. 23-30). Eine rein hard- und software- bzw. administrativorientierte Betrachtung der Integration bei Mergers & Acquisitions ist aber nicht ausreichend. In der heutigen Zeit muss der Ausdruck *„Informationstechnologie"* in Unternehmen vielmehr für eine Gesamtheit von IT-Tätigkeiten mit eindeutiger geschäftsprozessorientierter Ausrichtung angesehen werden. Der Begriff *„IT-System"* verbindet in diesem Zusammenhang die zuvor genannten Ansätze mit weiteren Aspekten, wie z. B. dem Management oder dem unternehmensinternen hierarchischen Aufbau der Informationstechnologie. In der fachspezifischen Literatur ist der Term *„IT-System"* dennoch nicht einheitlich abgegrenzt. Je nach Schwerpunkt fokussieren Autoren eher technologische Aspekte (Lehner et al. 1995, S.60-62), widmen sich unternehmensinternen Dimensionen, wie z. B. Management und Organisation (Laudon et al. 2006, S. 35-41), oder beziehen sich direkt auf verschiedene Modelle, wie z. B. ARIS (Holey et al. 2007, S. 215-217), zur Implementierung von Informations-systemarchitekturen. Die stetige Weiterentwicklung der Informationstechnologie und der wissenschaftlichen Disziplin der Wirtschaftsinformatik haben in diesem Sinne dazu beigetragen, dass die Informationstechnologie innerhalb von Unternehmen nicht mehr als reiner Kostenfaktor, sondern als geschäftsprozessunterstützendes Instrumentarium angesehen wird und aus unternehmerischen Strategieüberlegungen kaum noch auszuklammern ist (Tiemeyer 2007a, S. 9).

Der folgende Abschnitt skizziert diesen „Werdegang", bevor eine arbeitsspezifische Abgrenzung des *„IT-Systems"* und ein Beitrag zur strategischen Relevanz der Informationstechnologie für Unternehmen folgen.

2.2.1 Historische Entwicklung der Informationstechnologie

In den 1970er Jahren konzentrierten sich die aus den ersten Investitionen zur Automatisierung von Geschäftsprozessen entstandenen IT-Projekte traditionell auf die drei Kernphasen (Plan, Build, Run) der Informationstechnologie und hatten eine schnellere, kostengünstigere und sicherere Abwicklung der vormals papierbasierten Aktivitäten zum Ziel (Buchta et al. 2005, S. 9). Im Laufe der 1980er Jahre setzte sich langsam die Erkenntnis durch, dass die Informationstechnologie nicht nur als ein Rationalisierungsinstrument anzusehen ist, sondern auch als ein geschäftsunterstützendes Mittel zur Verbesserung von Produkt- und Dienstleistungsqualität (Tiemeyer 2007a, S. 9). So wurden erste Prozessmodelle und Methoden für Informationsmanagementsysteme entwickelt, z. B. das ISM-Modell der IBM (Blackman 1998) oder das St. Galler Informationssystem-Management (Österle et al. 1992). Anwendungen wie SAP R/2 boten die systemseitige Integration von Geschäftsprozessen (Zarnekow et al. 2005, S. 5).

Mit dem Beginn des kommerziellen Internetzeitalters in den 1990er Jahren ließen sich manche Geschäftsprozesse schon nur mit Hilfe von neuer Informations- und Kommunikationstechnologie (IKT) realisieren. Die Informationstechnologie bekam den Status eines *„Enablers"* und wurde zusehends als Teil des normalen Geschäftsbetriebes angesehen (Tiemeyer 2007a, S. 9). Weiterhin wurde durch die Entwicklung von Enterprise Resource Planning (ERP), Customer Relationship Management (CRM) und Supply Chain Management (SCM) die Integration von Geschäftsprozessketten über Wertschöpfungsstufen hinweg ermöglicht, so dass sich neue Kosten- und Optimierungspotentiale eröffneten.

Seit diesem Zeitraum hat sich die Sichtweise der Unternehmen bezüglich der Informationstechnologie vom nutzenbringenden hin zu einem wertsteigernden Element innerhalb der Geschäftsstruktur geändert (Buchta et al. 2005, S. 9). Aufgrund dieses Wandels haben besonders serviceorientierte Managementmodelle an Bedeutung gewonnen, deren Hauptaufgabe in der Bereitstellung von IT-Services liegt, mit dem

Ziel der Produktivitäts- und Qualitätssteigerung und der Unterstützung bzw. Optimierung von Geschäftsprozessen (Tiemeyer 2007a, S. 10). Allgemein wird in diesem Bereich die IT Infrastructure Library (ITIL) als Standard angesehen, die als Best-Practice-Sammlung eine strukturierte Zusammenstellung über die Planung, Erbringung und Unterstützung (Plan, Build, Run) von IT-Service-Leistungen bietet.

Im Laufe dieser Zeit entwickelte sich gleichermaßen auch die unternehmerische Perspektive der IT-Modelle. Stand zunächst die Darstellung und Analyse von technikorientierten Aspekten im Vordergrund, so mussten diese nachher um organisatorische und managementspezifische Bezüge ergänzt werden, um der geschäftsprozessorientierten Verflechtung der Informationstechnologie Genüge zu tun.

2.2.2 Das IT-System von Unternehmen

In Kapitel 2.2 wurde bereits angemerkt, dass die Begriffe „IT-System" bzw. „Informationssystem" in der Literatur keine einheitliche Abgrenzung erfahren.[40] Dieser Zustand ist zum einen mit der autorenspezifischen Fokussierung auf verschiedene Themengebiete und zum anderen mit dem Zeitpunkt der Untersuchungsveröffentlichung zu begründen. Ältere Beiträge legen ihren Schwerpunkt bei der Beschreibung einer Informationssystemarchitektur[41] zusehends auf technologische Aspekte (Müller-Böling 1978, S. 23-28; Scheer 1990, S. 5-9; Lehner et al. 1995; S. 60-62), während neuere Arbeiten vermehrt auch organisatorische und managementspezifische Verflechtungen miteinbeziehen (Krcmar 2003, S. 25-27; Laudon et al. 2005, S. 35-43). Ohne ältere und neuere bzw. unterschiedlich fokussierte Untersuchungen bezüglich der IT-Systeme von Unternehmen zu vergleichen und gegeneinander abzugrenzen, wird an dieser Stelle dem Ansatz von LAUDON ET AL. (2005, S. 35-43) gefolgt. Grundlegender Aspekt dieser Ausführungen ist, dass aus Unternehmersicht neben technischen gleichermaßen organisatorische und managementbezogene Aspekte von Informationssystemen von Interesse sind und innerhalb des Unternehmens ein umfassendes Verständnis darüber vorliegt, wie Probleme und Herausforderungen im geschäftlichen Umfeld mit Hilfe von informationstechnischen Lösungen begegnet werden kann (Laudon et al. 2005, S. 37). Darauf basierend identifizieren sie die drei Bereiche Organisation, Management und Technik als für ein IT-System relevante Komponenten.

---

[40] Die Terme „IT-System" und „Informationssystem" werden im Folgenden synonym verwendet.
[41] Das Begriffsverständnis der Informationssystemarchitektur orientiert sich an LEHNER ET AL. (1995, S. 58- 62), die darunter ein ganzheitliches Modell der Informationsverarbeitung verstehen, das von den strategischen Zielen bis hin zur technischen Basis reicht und vielfältige Nutzeffekte aufweist.

Organisation

Die Informationstechnologie ist für viele Unternehmen mittlerweile integraler Bestandteil und Voraussetzung für ihre Geschäftstätigkeiten (Kapitel 2.2.1). LAUDON ET AL. (2005, S. 37) kennzeichnen in diesem Zusammenhang Mitglieder, Organisationsstruktur, Verfahrensrichtlinien, Politik und Kultur eines Unternehmens als Schlüsselelemente zum effizienten IT-Einsatz. Die Organisationsstruktur eines Unternehmens sieht dabei für die auszuführenden Geschäftsfunktionen eine klare Arbeitsteilung vor: Sie differenzieren sich demnach in Beschaffung, Vertrieb und Marketing, Fertigung und Produktion, Finanz- und Rechnungswesen sowie Personalmanagement (Laudon et al. 2005, S. 37). Die innerhalb dieser Bereiche anfallenden Geschäftsprozesse werden von Unternehmen anhand von hierarchischen Strukturen und formalen Verfahrensrichtlinien koordiniert, mittels der unternehmensinternen (Informations-)Wertschöpfungskette ausgerichtet und im Anwendungssystemen abgebildet.[42] Diese Vorgänge erfordern unterschiedliche Arten von Fertigkeiten und Persönlichkeiten hinsichtlich strategischer und operativer Ebenen.[43] Zusammen mit der betriebseigenen Kultur bzw. Philosophie, dem „gelebten" Unternehmenstyp (Mintzberg 1989; S. 103-260) und der Unternehmensumwelt bilden sie in ihrer jeweiligen Ausprägung differenzierende Merkmale zu anderen Unternehmen, die sich wiederum im IT-System widerspiegeln (Laudon et al. 2005, S. 128-132).

Management

Die Hauptaufgabe des Managements ist, Umweltsituationen zu analysieren, mit denen das Unternehmen konfrontiert wird, diesbezüglich Entscheidungen zu fällen und Lösungswege bei informations- bzw. organisationstechnischen Problemen zu identifizieren (Laudon et al. 2005, S. 39). Neben der obligatorischen Unterstützung dieser Entscheidungen durch das Top-Management ist die Installation eines eigenen IT-Managements zur Planung, Entwicklung, Betrieb und Kontrolle von informationstechnologisch basierten Lösungen unerlässlich. Das IT-Management wird

---

[42] LAUDON ET AL. (2005, S. 31) differenzieren in diesem Kontext zwischen Anwendungs- von Informationssystemen. Demnach sind Anwendungssysteme „[...] der technisch realisierte Teil eines Informationssystems [...]", der „[...] alle Programme beinhaltet, die als Anwendungssoftware für ein konkretes betriebliches Anwendungsgebiet entwickelt, eingeführt und eingesetzt werden [...]" und auf eine IT-Infrastruktur aufsetzen.
[43] LAUDON ET AL. (2005, S. 39) kategorisieren interagierende Führungskräfte, Wissensarbeiter, Datenverarbeiter sowie Mitarbeiter im Produktions-/Dienstleistungsbereich.

als ein stark technologieorientierter und projektbezogener Arbeitsbereich angesehen, der durch den gezielten Einsatz von Informationstechnologie Geschäftsprozesse effizienter und profitabler gestaltet, um somit einen Mehrwert für das Unternehmen zu erzeugen (Zarnekow et al. 2005, S. 4-5; Buchta et al. 2005, S. 5).

Auf dieser Basis werden Geschäftsabläufe innerhalb eines Unternehmens analysiert, um Verbesserungsmöglichkeiten zu bestimmen, die innerhalb von IT-Projekten integriert werden. Die Entwicklung und Implementierung von IT-Anwendungen zur Automatisierung und effizienteren Gestaltung der Prozesse steht innerhalb dieser Projekte im Vordergrund. Die Aufgaben, Phasen und Methoden des IT-Managements lassen sich in Bild 8 (Zarnekow et al. 2005, S. 5) zusammenfassen:

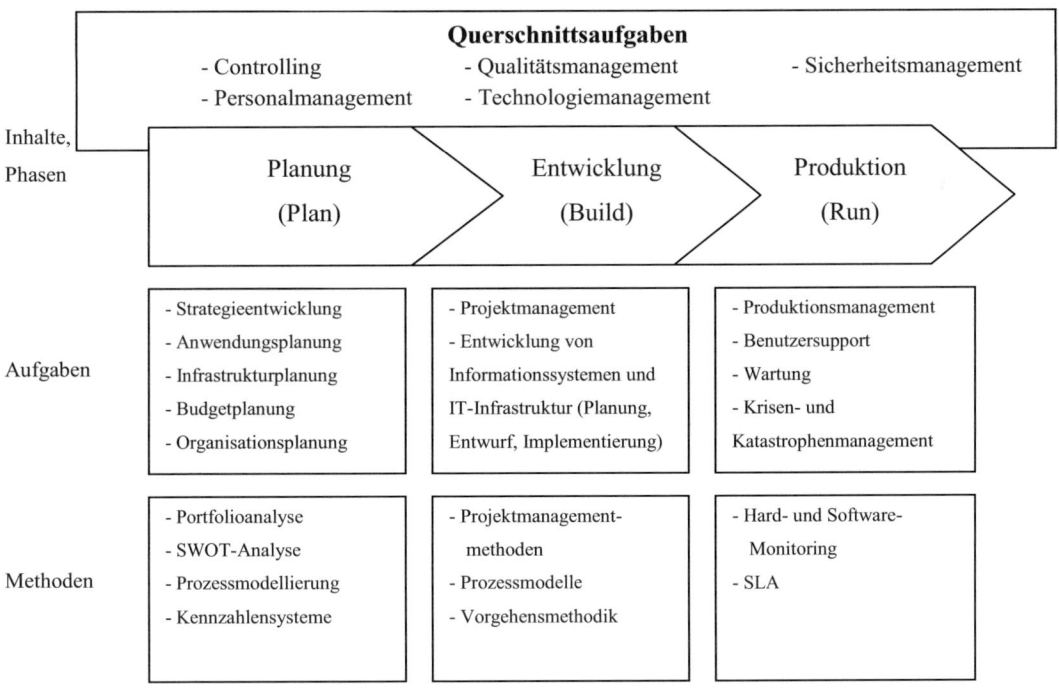

Bild 8 Phasen, Aufgaben und Methoden des IT-Managements
Quelle: In Anlehnung an ZARNEKOW ET AL. (2005, S. 5)

Die dargestellten Aufgaben und Methoden sind Ergebnis einer jahrzehntelangen Entwicklung des IT-Managements, dem Wachstum der zugrundeliegenden Technologie entsprechend. Eine genaue Betrachtung der dargestellten Bereiche (Bild 8) wird aber nicht Teil dieser Untersuchung sein. Vielmehr lassen sich später einzelne beschriebene Punkte in den Aufgaben und Methoden des IT-Managements wiederfinden.

Technik

Die Grundlage für die bisher beschriebenen Dimensionen der Organisation und des Managements bildet die IT-Infrastruktur des Unternehmens. Sie repräsentiert alle technischen Ressourcen, die von den Mitgliedern des Unternehmens gemeinsam genutzt werden und für den Geschäftsbetrieb erforderlich sind (Laudon et al. 2005, S. 40-41). Die Hardware bezeichnet in diesem Sinne physische Geräte, die zur Eingabe, Datenverarbeitung und Ausgabe in IT-Systemen eingesetzt werden. Darunter fallen z. B. Computerhardware und -zubehör sowie die physischen Mittel zur Verbindung dieser Komponenten (Mertens et al. 2005, S. 13-17). Die Software dient durch detaillierte vorprogrammierte Anweisungen der Steuerung und Koordination der verschiedenen Hardwarebestandteile in einem Informationssystem und lässt sich nach MERTENS ET AL. (2005, S. 21-34) in die Bereiche System- (z. B. Betriebssysteme, Dienstprogramme, Treiber) bzw. Anwendungssoftware (Standard- und Individualsoftware) kategorisieren. Somit ist sie auch für die Organisation und Zugriffsmethodik der auf physischen Datenträgern gespeicherten Daten verantwortlich (Laudon et al. 2005, S. 40-41). Die Wahl der Speichertechnik hat erheblichen Einfluss auf die Unternehmensleistung. Relationale Datenbankmanagementsysteme (DBMS) gelten als Basis für effiziente IT-unterstützte Geschäftsprozesse (Scheer 1990, S. 7-8), bedürfen aber eines unternehmensinternen Bewusstseins, dass Daten und Informationen gesamtbetriebliche und nicht z. B. abteilungs- oder personenbezogene Ressourcen darstellen. Ebenfalls sind die anfänglichen Kosten für die Planung, den Entwurf, die Implementierung sowie den Betrieb einer unternehmensweiten Datenbank sehr hoch und oft erst nach einiger Zeit erkennbar (Laudon et al. 2005, S. 321).

Eine Voraussetzung zur störungsfreien Sammlung von Daten und Informationen ist eine adäquate Kommunikationstechnik, die physische Geräte und Software umfasst und sämtliche zuvor genannten Komponenten miteinander verbindet, Daten, Bilder, Audio- oder Videodaten von einem Standort zum nächsten überträgt und in Netzwerke eingebunden ist. Netzwerke dienen der Verbindung von zwei oder mehreren Computern oder Netzwerksteuerungsgeräten und zur gemeinsamen Nutzung von Daten oder Ressourcen (z. B. Drucker) (Laudon et al. 2005, S. 40). Die Entwicklung drahtloser Techniken (WLAN, Satellit) und die Entstehung und Kommerzialisierung des Internets zur Datenübertragung haben die Konstruktion komplexer unternehmensübergreifender Netz- und Rechnerarchitekturen ermöglicht und erlauben so auf einfachem Wege die datentechnische Einbindung von Kunden (Internet) und Geschäftspartnern (Extranet) (Mertens et al. 2005, S. 36-52; Holey et al. 2007, S. 164).

2.2.3 Beitrag der IT zum Unternehmenserfolg

Der Betrieb moderner Informationstechnologien ist somit für einen Großteil der Unternehmen inzwischen eine Grundvoraussetzung für ihre Geschäftstätigkeit. Die Anforderungen an IT-Systeme hinsichtlich Zuverlässigkeit, Verfügbarkeit und Flexibilität sind mittlerweile enorm und veranlassen zu immer größeren IT-Investitionen. Die Darstellung der Informationstechnologie als reiner Kostenfaktor und Dienstleister gehört aber der Vergangenheit an. Vielmehr wird sie in der heutigen Literatur als ein „Value Center" oder Werttreiber angesehen, der durch seine Orientierung an den strategischen Zielen eines Unternehmens zum langfristigen Erfolg und zu besseren und neuen Leistungen führen kann (Tiemeyer 2007a, S. 12). TIEMEYER (2007a, S. 12-14) identifiziert in diesem Zusammenhang verschiedene Nutzenvorteile der IT:

- *Erhöhte Wirtschaftlichkeit*: Durch den Einsatz moderner IKT können Redundanzen abgebaut und durch die Integration von Workflow-Applikationen geschäftsprozessorientierte Vorgänge in IT-Systemen abgebildet werden.

- *Abwicklung von Arbeits- und Geschäftsprozessen mit hoher Wertschöpfung*: Die Abwicklung von Geschäftsprozessen ohne IT-Unterstützung ist heute kaum noch denkbar. So lässt sich schon mit relativ geringem Input ein qualitativ hoher Output erzielen (z. B. Eingaben in der Finanzbuchhaltung, die zu Controllingzwecken weiterverwendet werden).

- *Wettbewerbsvorteile durch bessere Informationsversorgung*: Informationen sind durch den Einsatz von IT-Systemen aktueller und schneller verfügbar. Ebenso hat die Entwicklung von zahlreichen betriebswirtschaftlichen Applikationen dazu geführt, dass Informationssystemen eine Art Frühwarnfunktion zufällt.

- *Unterstützung der Entscheidungsfindung*: Manager sind darauf angewiesen, Informationen zur Entscheidungsfindung schnell und übersichtlich parat zu haben. IT-Anwendungen bieten die Möglichkeit, aussagefähige

Entscheidungsunterlagen, die weit über ein traditionelles Berichtswesen hinausgehen, bereitzustellen.

- *Schnellere Reaktionsfähigkeit der Unternehmensführung*: Die elektronische Speicherung von Daten und Dokumenten ermöglicht ein schnelleres bedarfsgerechtes Auffinden, so dass Unternehmensführungen wichtige Informationen schnell zur Verfügung gestellt werden können.

- *Zielgerichtete Planungsmöglichkeiten als strategische Unterstützung*: Das Setzen von Zielen und das Ausarbeiten von Planungen ist eine der wichtigsten Managementfunktionen. Mit Hilfe von IT-Lösungen können auf einfache Weise Planungen simuliert, entworfen und verändert werden.

Der Einsatz von Informationstechnologie führt aber nicht unweigerlich zu den dargestellten Nutzenvorteilen. Es ist vielmehr notwendig, IT-Services unter Beachtung von wirtschaftlichen Aspekten verhältnismäßig bereitzustellen und an der Gesamtunternehmensstrategie auszurichten, um dauerhaften Wert für das Unternehmen zu generieren (Tiemeyer 2007a, S. 14-15). Die Modell (Bild 9) von HENDERSON und VENKATRAMAN (1993, S. 476) verdeutlicht die Abhängigkeit zwischen der Unternehmensstrategie, Organisationsstrukturen und Geschäftsprozessen auf der einen und der IT-Infrastruktur, -prozessen und -strategie auf der anderen Seite.

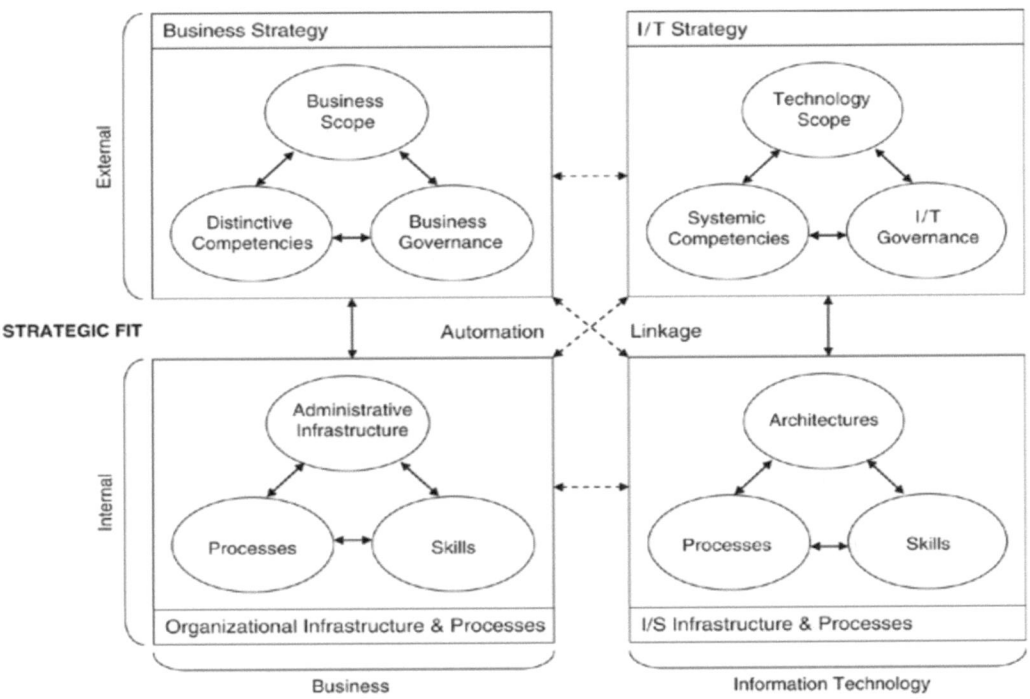

FUNCTIONAL INTEGRATION
Bild 9 Strategic Alignment Model
Quelle: HENDERSON und VENKATRAMAN (1993, S. 476)

Die stetig wachsende Abhängigkeit zwischen den einzelnen Komponenten erfordert bei eventuellen Änderungen umfassende Planungen und Weitsicht, da der künftige strategische Erfolg von Unternehmen mittlerweile häufig von der Qualität seiner Informationssysteme abhängt. Um diesem Leistungsanspruch gerecht zu werden, ist heutzutage ein viel größerer Teil des Unternehmens in die komplexen unternehmensinternen IT-Entwicklungsprojekte hinsichtlich Aufbau, Betrieb und Veränderungen eingebunden als früher. Kunden, Lieferanten und sogar Konkurrenten sind in diesen Planungen genauso Teil des Systems wie unternehmensinterne Abläufe. Die enorm wachsende Leistungsstärke und die schnell sinkenden Kosten der Computertechnik sowie die Entwicklung des Internets haben in diesem Kontext starken Einfluss auf die Entwicklung der Informationstechnologie hin zu einem wichtigen Faktor der Unternehmensstrategie (Laudon et al. 2006, S. 50-51).

2.2.4 Die Integration der IT in die Unternehmensstrategie

Die Betriebs- und Lieferfähigkeit ergo die Wettbewerbsfähigkeit einer Organisation hängt in hohem Maße von der Leistungsfähigkeit der internen Informationstechnologie ab. Das Management von IT-Investitionen ist indessen eher der wirtschaftlichen als der technologischen Theorie zuzuordnen. Begriffe wie z. B. *„IT-Portfolio"* oder *„Unternehmenswert der IT"* belegen diesen wirtschaftlichen Aspekt. Unternehmen verfügen heute über Portfolios für IT-Investitionen, genauso wie Investoren Portfolios über Finanzanlagen besitzen. IT-Investitionsentscheidungen sind dabei durch unterschiedliche Faktoren bedingt, wie z. B. durch

- den Erwerb von gegenwärtigen oder zukünftigen Kompetenzen, die für den Geschäftsbetrieb bedeutend sind,
- die Branchenentwicklung,
- den aktuellen und zukünftigen Stand der technologischen Entwicklung,
- die Budgethöhe und
- die Rolle der Informationstechnologie innerhalb des Unternehmens.

In diesem Rahmen stellt „[...] die Erarbeitung einer IT-Strategie [stellt] eine wesentliche Voraussetzung dar, um optimale IT-Services unter Beachtung von wirtschaftlichen Aspekten bereitzustellen [...]" (Tiemeyer 2007a, S. 14-15). In der Praxis haben sich diesbezüglich zwei verschiedene Vorgehensweisen in Abhängigkeit von verschiedenen Auslösern entwickelt (Wintersteiger 2007, S. 43):

Top-Down-Prozess
- Die IT-Strategieerstellung ist Bestandteil einer etablierten Unternehmenspraxis.
- Ein außerordentliches Ereignis im Unternehmen impliziert eine Neuausrichtung der IT-Strategie (z. B. Unternehmenszusammenschlüsse, neues Geschäftsmodell).
- Analyseergebnisse (z. B. SWOT-Analyse) legen eine Anpassung der IT-Strategie nahe.

Bottom-Up-Prozess
- Einsatz neuer technologischer Ressourcen (z. B. Internet)
- Unzufriedenheit der IT-Nutzer mit den bestehenden IT-Kosten und –Leistungen

Im ersten Fall erfordern neue strategische Ausrichtungen und Erkenntnisse Veränderungen in der verwendeten Informationstechnologie (Top-Down: IT als Tool), während im zweiten Fall die Informationstechnologie zur Realisierung von neuen

Geschäftslösungen und zur Verbesserung von internen Prozessen eingesetzt wird (Bottom-Up: IT als Enabler). Die sture Verfolgung nur eines Ansatzes ist für Unternehmen aber kaum denkbar, wenn sie am Markt bestehen möchten. Noch heute macht sich bei einigen Unternehmen (z. B. Neckermann AG)[44] oder im Falle der Musikindustrie[45] sogar innerhalb einer gesamten Branche das „Verschlafen" des Internetzeitalters und weiterer technischer Trends bemerkbar. Die sich ständig ändernden Rahmenbedingungen erfordern heute ein hohes Maß an Flexibilität in der Anpassung der IT- und Unternehmensstrategie. HEINRICH (2002, S. 101) schlägt deshalb die Nutzung einer *„interagierenden strategischen Zielplanung"* vor, bei der IT- und Unternehmensziele parallel bestimmt und anschließend abgestimmt werden.

Aus den vorgestellten Ansätzen lassen sich verschiedene grundlegende Bedingungen für die Erarbeitung einer IT-Strategie ableiten (Wintersteiger 2007, S. 43-44):

- Integrieren der strategischen IT-Planung in die strategische Unternehmensplanung,
- Kontinuierliches Analysieren und Ausrichten der strategischen IT- und Unternehmensstrategie,
- Bedarfsgerechtes Integrieren von Technologieentwicklungen,
- Suchen nach Alternativen zu bestehenden Planungsvorhaben,
- Anwenden von methodischen Planungsinstrumentarien der IT- und Unternehmensstrategie sowie
- Beachten der bestehenden IT- und Organisationsstruktur.

Die Berücksichtigung dieser Voraussetzungen ist aufgrund der unterschiedlichen Sichtweisen der Beteiligten und des komplexen Sachverhalts eine meist sehr schwierige Aufgabe. In der Praxis hat sich deshalb die Anwendung von unterschiedlichen Methoden und Techniken zur konkreten Umsetzung einer IT-Strategie etabliert, wie z. B. Business Engineering oder Projektmanagement (Tiemeyer 2007a, S. 45). Des Weiteren beschreiben die Begriffe *„IT/Business Alignment"* oder *„Strategic*

---

[44] Die Neckermann Versand AG (Mitte der 1970er Jahre mehrheitlich von der Karstadt AG übernommen) bot ursprünglich einen prospektebasiertenVersandhandel an. Die mittlerweile auftretenden finanziellen Schwierigkeiten des Unternehmens begründen Experten u. a. mit dem zu langen Festhalten an alten Konzepten und der zu späten Eröffnung eines Online-Versandhandels (Wittern 2006).
[45] Die Musikindustrie hat mit Entwicklung der CD-R, der CD-Brenner und des MP3-Formates erhebliche Umsatzeinbußen hinnehmen müssen. Erst spät wurde die Portabilität des MP3-Formates erkannt, so dass mit erheblicher Verzögerung Online-Musikshops eröffneten. Zu diesem Zeitpunkt gehörte das private (illegale) Tauschen von MP3s im Internet schon zum Alltag (CHIP 2000).

Alignment" den Angleichungsprozess zwischen Unternehmens- und IT-Strategie. Letztgenannte Begriffe werden aufgrund ihrer Aktualität und allgemeinen Ausrichtung im anschließenden Abschnitt näher vorgestellt (Tiemeyer 2007a, S. 47).

2.2.4.1 Strategic Alignment

In die deutsche Sprache übersetzt bedeutet *„to align with"*: „in Einklang mit jemandem oder mit einer Sache sein oder sich daran auszurichten". Im strategischen Bezug steht es für die gegenseitige Ausrichtung von Unternehmens- und IT-Strategie. Eine einheitliche konzeptuelle Basis für IT/Business Alignment oder Strategic Alignment sucht man in der Literatur aber vergebens. Daher ist es kaum verwunderlich, dass sich neben dem Begriff *„Alignment"* mehrere Pseudonyme, wie z. B. *„Integration"* (Weill und Broadbent 1998), *„Fusion"* (Smazny 2001) und *„Harmony"* (Luftman 2003a) geprägt haben. Wichtiger als eine definitorische Exaktheit sind jedoch die Eigenschaften, auf denen diese Ansätze beruhen. MASAK (2006, S. 12-13) bestimmt aus verschiedenen Interpretationen allgemeine Kriterien für Alignments:[46]

- Alignment ist ein dynamischer Prozess.
- Alignment findet mindestens auf der strategischen, implementativen und prozessuralen Ebene statt.
- Die Betrachtung von Alignments muss sowohl den relevanten Geschäfts- als auch den Technologiekontext berücksichtigen.
- Der menschliche Faktor muss bei Alignments berücksichtigt werden.
- Alignment muss stets messbar sein.

Diese Kriterien beruhen auf den von HENDERSON und VENKATRAMAN (1993) entwickelten vier wesentlichen Perspektiven des Alignmentprozesses.

- *Strategy Execution*: Die Ausrichtung der Organisation anhand der externen Unternehmensstrategie.
- *Technology Potential*: Entwicklung der für die Unternehmensstrategie notwendigen IT-Kompetenz.

---

[46] Im weiteren Verlauf der Arbeit werden die Begriffe *„IT/Business Alignment"* oder *„Strategic Alignment"* zwischen IT- und Geschäftsstrategie, wie auch bei vielen weiteren Autoren, auf *„Alignment"* reduziert.

- *Competitive Potential*: Eröffnung neuer strategischer Potenziale durch neue Informationstechnologie.
- *Service Level*: Optimierung der Unternehmens-IT zur Leistungsverbesserung und bestmöglichen Platzierung am Markt.

Da der Anpassungsprozess sowohl Auswirkungen auf die strategische Ausrichtung als auch auf strukturelle und operationelle Beziehungen zwischen der Geschäftswelt und der Informationstechnologie hat, kategorisiert MASAK (2006, S. 12-13) gleichzeitig fünf perspektivische Dimensionen des Alignments:

- kognitives Alignment,
- architektonisches Alignment,
- strategisches Alignment,
- temporales Alignment und
- systemisches Alignment.

Während das kognitive und das strategische Alignment wichtig für die Unternehmensführung und langfristigen Planungen sind, zielen die Maßnahmen im Bereich des temporalen Alignments auf eine effiziente Softwareentwicklung ab. Das architektonische Alignment trifft hingegen Aussagen über die tatsächlich eingesetzte IT-Architektur und dessen geschäftsprozessunterstützenden Fähigkeiten. Der Versuch eine ganzheitliche Sicht auf IT und Organisation zu liefern, kommt dem systemischen Alignment zu Teil (Masak 2006, S. 14).

2.2.4.2 Aufgaben und Anforderungen an das IT-Management

Der unumstrittene wichtige Beitrag der IT zum strategischen Erfolg von Unternehmen wurde in den vorangegangenen Abschnitten anhand der historischen Entwicklung und des Alignmentansatzes verdeutlicht. Die kontinuierlichen organisatorischen, wirtschaftlichen und technischen Veränderungen haben dabei direkten Einfluss auf den IT-Bereich und dessen Leistungsfähigkeit und stellen IT-Manager immer wieder vor neue Herausforderungen, das IT-Potenzial effektiv auszuschöpfen (Tiemeyer 2006, S. 21). Das IT-Management muss insbesondere heute die Fähigkeit besitzen,

- die „richtigen" IT-Projekte zu initiieren, zu planen, zu controllen und zu leiten;

- die allgemeinen Querschnittsaufgaben (Controlling, Personal-, Sicherheits-, Qualitäts- und Technologiemanagement) den unternehmensinternen Anforderungen entsprechend sorgsam durchzuführen;

- eine leistungsstarke IT-Organisation mit Hilfe von Methoden und Techniken des IT-Managements auf- und auszubauen;

- anfallende Rechtsfragen zu analysieren sowie sach- und fachgerecht zu beantworten.

2.2.5 Zusammenfassende Bemerkung

Das Kapitel 2.2 lieferte eine untersuchungsspezifische Perspektive der Informationstechnologie bzw. des IT-Systems von Unternehmen. Im ersten Schritt wurde die außerordentliche Bedeutung der Informationstechnologie für Organisationen anhand der historischen Entwicklung verdeutlicht. Mit dem vorgestellten „Strategic Alignment Model" lässt sich das für Mergers & Acquisitions so wesentliche Element der *„Strategie"* auch für die Informationstechnologie fixieren und gleichzeitig ein Instrumentarium zur Ausrichtung von Informationstechnologie und Organisation identifizieren. Für den weiteren Verlauf sind somit die Grundlagen gegeben, um im Hinblick auf das Thema der vorliegenden Arbeit *„IT-Integration bei Mergers & Acquisitions"* ein Rahmenkonzept zu entwickeln, das auf den zuvor differenzierten Termini basiert.

3 Bezugsrahmen der Informationstechnologie und Mergers & Acquisitions

Auf der Basis der in Kapitel 2 definierten terminologischen Grundlagen wird in diesem Abschnitt ein gemeinsamer Bezugsrahmen der Informationstechnologie und Mergers & Acquisitions erarbeitet. Als Verknüpfungspunkt gilt dabei die *„Integration"*. Die Betrachtung des Integrationsverständnisses von Mergers & Acquisitions und der Informationstechnologie stehen zunächst im Vordergrund. Darauf aufbauend werden Abgrenzungen vorgenommen, auf welche Bereiche von Unternehmenszusammenschlüssen sich die weiteren Ausführungen dieser Arbeit konzentrieren. Die Identifizierung von integrationsrelevanten IT-Bereichen und möglichen Modellen zur Integration bilden den Abschluss des Kapitels.

3.1 Die Integration

Der Begriff *„Integration"* lässt sich etymologisch aus dem lateinischen *„integrare"* (wiederherstellen, ergänzen) und *„integer"* (unversehrt, unberührt, unbefangen) ableiten und beschreibt „die Wiederherstellung eines Ganzen" (KLUGE 2002, S. 444). Die allgemeine Auslegungsmöglichkeit bewirkte, dass der Fachausdruck *„Integration"* in vielen wissenschaftlichen Bereichen, so z. B. Biologie, Mathematik, Psychologie, Philosophie, Soziologie, Politik, Informatik und Wirtschaftwissenschaften, angewendet wird. Diese Disziplinen unterscheiden sich durch eine erhebliche Heterogenität von Begriffsprägungen sowie in dem Verständnis und der Durchführung von Integration. So können auch im Integrationsverständnis von M&A- und IT-Forschung grundlegende Differenzen identifiziert werden (Kromer 2001, S. 25).

Der folgende Abschnitt umreißt zunächst das Integrationsverständnis von Mergers & Acquisitions. Im Anschluss daran steht die Betrachtung der Integration aus Perspektive der Informationstechnologie.

3.1.1 Das Integrationsverständnis bei Mergers & Acquisitions

In der allgemeinen betriebswirtschaftlichen Literatur bezeichnet der Term *„Integration"* meist unspezifisch den Vorgang der Verschmelzung vormals unabhängiger Objekte zu einer größeren, sinnhaften Einheit (Duttenhofer 1985, S. 124; Paprottka 1996, S. 127).[47] In diesem Zusammenhang ist zu beobachten, dass viele Autoren ihr Verständnis für Integration zusehends aus anderweitigen Veröffentlichungen ableiten, ohne es für sich genauer zu präzisieren.[48] So ist auch zu erklären, dass im Bereich der M&A-Forschung zwar ein einvernehmliches abstraktes Grundverständnis bezüglich der Integration herrscht, aber keine einheitliche Definition existiert (Kromer 2001, S. 26.) Da eine Gegenüberstellung, Systematisierung und Abgrenzung der unterschiedlichen Begriffsprägungen und –nutzungen im Rahmen dieser Arbeit zu umfangreich ist, wird genauer auf die grundlegende Konzeption der Integration bei Mergers & Acquisitions eingegangen.[49] Wurde in früheren Arbeiten der Term „Integration" einer definierten Phase des M&A-Prozesses zugeordnet, so wird in neueren Veröffentlichungen eine eher prozessorientierte Sichtweise bevorzugt, welche phasenübergreifend die Aktivitäten zur Gestaltung der Zusammenarbeit bündelt (Jansen 1998, S. 202; Koch 2002; Wirtz 2003, S. 110-115). Das nächste Kapitel thematisiert diesen Ansatz.

3.1.1.1 Integrationskonzepte der M&A-Forschung

Die hohe Komplexität von Mergers & Acquisitions lässt es hilfreich erscheinen, sie als phasenbasierte Projekte zu begreifen (Bild 6). In der Literatur lässt sich eine Vielzahl von Phasenmodellen des M&A-Prozesses finden, die sich jedoch bezüglich Beginn, Inhalt sowie der Abgrenzung der Arbeitsschritte unterscheiden. Einigkeit besteht jedoch darin, dass die abschließende Phase des M&A-Projektes als Integrationsphase bezeichnet wird (Haspeslagh und Jeminson 1991, S. 12; Hase 1996, S. 66; Jansen 1998, S. 144). Unter der Berücksichtigung des phasenbasierten Begriffsverständnisses beginnt die Integrationsphase nach Abschluss der Verträge und den damit gleichzusetzenden Übergängen von rechtlicher und wirtschaftlicher Verfügungsgewalt. Die Integration besteht demzufolge aus den „[...] Zusammenführungsaktivitäten, die nach Vollzug einer Transaktion notwendig werden, um im Vorfeld avisierte Synergiepotentiale zu erschließen." (Kromer 2001, S. 27) Nach Vollzug dieser Maßnahmen und durchgeführter Post-Merger-Audit gilt das Projekt im Allgemeinen als beendet.

---

[47] DUTTENHOFER (1985, S. 124-149) stellt in seiner Veröffentlichung verschiedene Verwendungen des betriebswirtschaftlichen Integrationsbegriffes zur Diskussion.
[48] Exemplarisch sei hier auf HOPFENBECK (2000, S. 313-317) verwiesen.
[49] Teils unterschiedliche Definitionen der Integration bezogen auf Mergers & Acquisitions lassen sich u. a. bei GERPOTT (1993, S. 114-116), HASE (1996, S. 17-19), PAPROTTKA (1996, S. 129-131) und JANSEN (1998, S. 203) finden.

Die phasenbasierte Betrachtungsweise von Mergers & Acquisitions hat viel dazu beigetragen, dass die Integrationsphase mittlerweile als ein wesentlicher Faktor zum Transaktionserfolg angesehen wird, da nur eine systematische und sorgfältige Integration der Synergieziele zu nachhaltiger Wertsteigerung führen kann. Dennoch erwecken phasenorientierte Vorgehensmodelle den Eindruck einer strengen zeitlichen Abfolge des M&A-Prozesses. Die Variationsbreite von Mergers & Acquisitions sowie die Verwobenheit der einzelnen Phasen erfordern in der Praxis aber eine eher transaktionsspezifische zeitliche und inhaltliche Prozessgestaltung (Kapitel 2.1.1; Kromer 2001, S. 28). Entsprechend der Phasenlogik beginnt die Integrationsphase chronologisch erst nach dem sogenannten „Closing" und dem einhergehenden Abschluss der Transaktionsphase. Diese Annahme trifft aber in der Regel nur für die Realisierung geplanter Integrationsmaßnahmen zu. Diese erfordern wiederum komplexe Planungs- und Vorbereitungstätigkeiten, die bereits in frühen Phasen des M&A-Prozesses parallel eingeleitet werden sollten (Hase 1996, S. 18). Eine Verankerung des Integrationsmanagements in einer frühen Projektphase ist somit Voraussetzung für eine unmittelbar nach Transaktionsvollzug einsetzende Realisierung der Integrationsmaßnahmen.[50]

Das zugrunde liegende Verständnis von Integration in den M&A-Phasenmodellen charakterisiert die tatsächlich durchzuführenden Tätigkeiten nur ungenügend und kann somit nur als grob vereinfachend angesehen werden (Kromer 2001, S. 29). Diese Ansicht teilen bereits JANSEN (1998, S. 202) und HASE (1996, S. 14-19), so dass sich zunehmend in neueren Arbeiten der M&A-Forschung prozessorientierte Begriffsprägungen der Integration, welche die Defizite phasenorientierter Konzepte nicht aufweisen, geprägt haben. Im Grundkonsens grenzen die jeweiligen Verfasser dieser Ansätze die Integrationsaktivitäten rein nach inhaltlichen Kriterien ab und bündeln sie, unabhängig vom Zeitpunkt ihres Auftretens, zu einem logischen Integrationsprozess. Unterschiede lassen sich jedoch in den vielfältigen Variationen eines prozessorientierten Integrationsverständnisses finden (Kromer 2001, S. 29). Der nachfolgende Abschnitt geht deshalb näher auf die grundlegenden Merkmale der Integration in der M&A-Forschung ein.

---

[50] Hase (1996, S. 177) sieht in der vernachlässigten Planung von Integrationsaktivitäten einen Hauptgrund, warum Mergers & Acquisitions nicht zum gewünschten Erfolg führen.

3.1.1.2 Konstitutive Merkmale des Integrationsbegriffes

In der Literatur existieren unterschiedliche Differenzierungen zur Definition des Integrationsverständnisses (Hase 1996, S. 177). Aus den Ansätzen von GERPOTT (1993, S. 114-119), HASE (1996, S. 18-19) und JANSEN (1998, S. 202-203) lässt sich eine grundlegende Verständnislogik ableiten, die auf folgenden Merkmalen basiert:

- *Prozessverständnis*: Die lineare Abfolge einzelner Phasen innerhalb eines M&A-Projektes weist im Bezug zum Integrationsverständnis erhebliche Defizite auf (Kapitel 3.1.1.1). Einem prozessorientierten Verständnis zur Folge beschreibt „[...] Integration eine Abfolge von Aufgaben mit sachlogischer und zeitlicher Folgestruktur." (Kromer 2001, S. 29) Integration wird somit als Querschnittsaufgabe verstanden, „[...] die in ihrer Gesamtheit zu einer abgeschlossenen Integration bei einem Unternehmenszusammenschluss führt und die sich begleitend und in unterschiedlicher Intensität über den gesamten Zusammenschlussprozess erstrecken kann [...]" (Sperling 2007, S. 32).

- *Integrationsobjekt*: Die Integration in einem M&A-Prozess bezieht sich auf die Ressourcen der beteiligten Unternehmen.[51] Diese differenzieren sich grundsätzlich in materielle und immaterielle Ressourcen. Die veränderte Nutzung bzw. Transfer der materiellen Ressourcen, z. B. von Betriebsmitteln und Mitarbeitern, und die Elimination von redundanten Ressourcen, z. B. die Auflösung von mehrfach vorhandenen Unternehmensabteilungen, sowie die Realisierung von Skaleneffekten bilden die realwirtschaftliche Basis des Wertschöpfungspotenzials bei Mergers & Acquisitions. Ein auf materielle Ressourcen ausgerichteter Integrationsprozess ist in der Regel aber nicht ausreichend, um das angestrebte Wertsteigerungspotenzial zu erreichen. So müssen funktionsbezogenes Know-How, allgemeine Managementfähigkeiten sowie weitere immaterielle Ressourcen ebenfalls Objekte des Integrationsprozesses sein, um die technischen, marktlichen und organisatorischen Zusammenhänge bei der Nutzung der immateriellen Ressourcen voll ausschöpfen zu können (Kromer 2001, S. 30; Rentrop 2004, S. 37).

---

[51] Zur Definition des Ressourcenbegriffes siehe MÜLLER-STEWENS und LECHNER (2005, S. 357).

- *Integrationsziel*: Die Vorbereitungs- sowie die Transaktionsphase schaffen die Ausgangsposition zur Wertsteigerung. Die systematische und nachhaltige Realisierung von Wertschöpfungspotenzialen ist das Ziel der Integrationsphase (Hase 1996, S. 19; Jansen 1998, S. 202; Kromer 2001, S. 30). Die Identifikation und die Umsetzung von möglichen ökonomischen Vorteilen durch die veränderte Nutzung bzw. den Transfer von Ressourcen ist somit Zweck der Integration. Dem Integrationsprozess sind indes solche Aktivitäten zuzurechnen, die sich auf die Umsetzung von synergetischen Wertsteigerungspotenzialen beziehen. Veränderte Ressourcennutzungen, die einzig einer objektbezogenen Effizienzsteigerung gelten, sind demnach nicht Teil der Integration (Paprottka 1996, S. 127).

Zusammenfassend lässt sich eine prozessorientierte Integration bei Mergers & Acquisitions „[…] als am Wertsteigerungsziel ausgerichtete, Veränderungen der Ressourcennutzung aller beteiligten Parteien bewirkende Aktivitätsfolge der Vereinigung von Unternehmen charakterisieren […]" (Kromer 2001, S. 31). Die Integrationsphase ist demnach „[…] entscheidend verantwortlich für die Umsetzung von Synergiepotentialen und damit auch für einen Großteil des Zusammenschlußerfolges […]" (Paprottka 1996, S. 127).

Die in diesem Zusammenhang durchgeführten Gestaltungsmaßnahmen können dabei Teil einer im Vorfeld zielgerichteten Gesamtplanung oder spontan entwickelt sein, um flexibel auf eventuelle Schwierigkeiten reagieren zu können. Das Ausmaß der Integrationsaktivitäten der vorliegenden prozessorientierten Begriffskonzeption umfasst ein breites Spektrum, so dass sie auf alle Arten von Mergers & Acquisitions abgebildet werden kann (Kromer 2001, S. 31-32).

3.1.2 Das Integrationsverständnis der Wirtschaftsinformatik

Wie im vorherigen Abschnitt erläutert, bezieht sich Integration in der M&A-Forschung auf Vereinigungs- bzw. Verflechtungsprozesse von materiellen und immateriellen Unternehmensressourcen. Die vorliegende Arbeit wird sich aber nicht mit der Gesamtheit dieser Ressourcen beschäftigen, sondern ausschließlich mit der Informationstechnologie. Da der IT-Einsatz aber stets eine strategische Bindung zum Gesamtunternehmen haben sollte und der Entwurf, die Nutzung und die Verwaltung von Individuen sowie Gruppen geprägt sind (Kapitel 2.2), wird stellvertretend für sie das Integrationsverständnis der Wirtschaftsinformatik betrachtet. In diesem interdisziplinären Forschungsbereich zwischen Betriebswirtschaftslehre, Informatik sowie weiteren Theorien, Methoden und Perspektiven stellt Integration ein zentrales Konzept dar, das sich aber im Begriffsverständnis von anderen wissenschaftlichen Disziplinen wiederum unterscheidet (Mertens et al. 2005, S. 5-6, Laudon et al. 2006, S. 43).

3.1.2.1 Integrationskonzepte der Wirtschaftsinformatik

Die kontinuierlich rasante IT-Entwicklung macht für Unternehmen eine schnelle Anpassung an neue technische Standards zur Behauptung der Wettbewerbsposition unumgänglich (Technologiedruck). Andererseits haben in jüngster Vergangenheit viele betriebliche Veränderungen, wie z. B. prozessorientierte Kostenrechnung, flexiblere Arbeitszeitregelung oder schnelles Reagieren auf Kundenverhalten die Anforderungen an die Unternehmens-IT geändert (Bedarfssog) (Mertens et al. 2005, S. 6). In diesem Zusammenhang erlangte die Wirtschaftsinformatik durch ihre Gesamtbetrachtungsweise von Mensch, Aufgabe und Maschine und ihren sowohl informations- als auch allgemein-technischen Lehr- und Forschungsinhalten große Bedeutung. Die Integration, im weiten Sinne die technische und logische Vernetzung von Daten, Objekten und Personen, ist heute eine der größten Herausforderungen dieses Forschungsbereiches. Dennoch muss festgestellt werden, dass sich der Term auf eine Vielzahl von Sachverhalten bezieht, so dass eine homogene Begriffsverwendung nicht gegeben ist. LINß (1995, S. 5-28) vergleicht in seiner Veröffentlichung sechs Ansätze, grenzt diese gegeneinander ab und entwickelt auf dieser Basis eine eigene Definition der Integration, die im Wesentlichen auf den Ansätzen von SCHUMANN (1992, S. 6-18) und MERTENS (2005, S. 1-16) basiert. Dementsprechend kennzeichnet Integration einen Zustand der Verknüpfung von Daten, Funktionen sowie Programmen betrieblicher Anwendungssysteme in vertikaler und horizontaler Richtung von inner- und zwischenbetrieblicher Reichweite (Kromer 2001, S. 33). Die Konzeption von Linß (1995, S. 18) lässt sich in Bild 10 zusammengefasst darstellen.

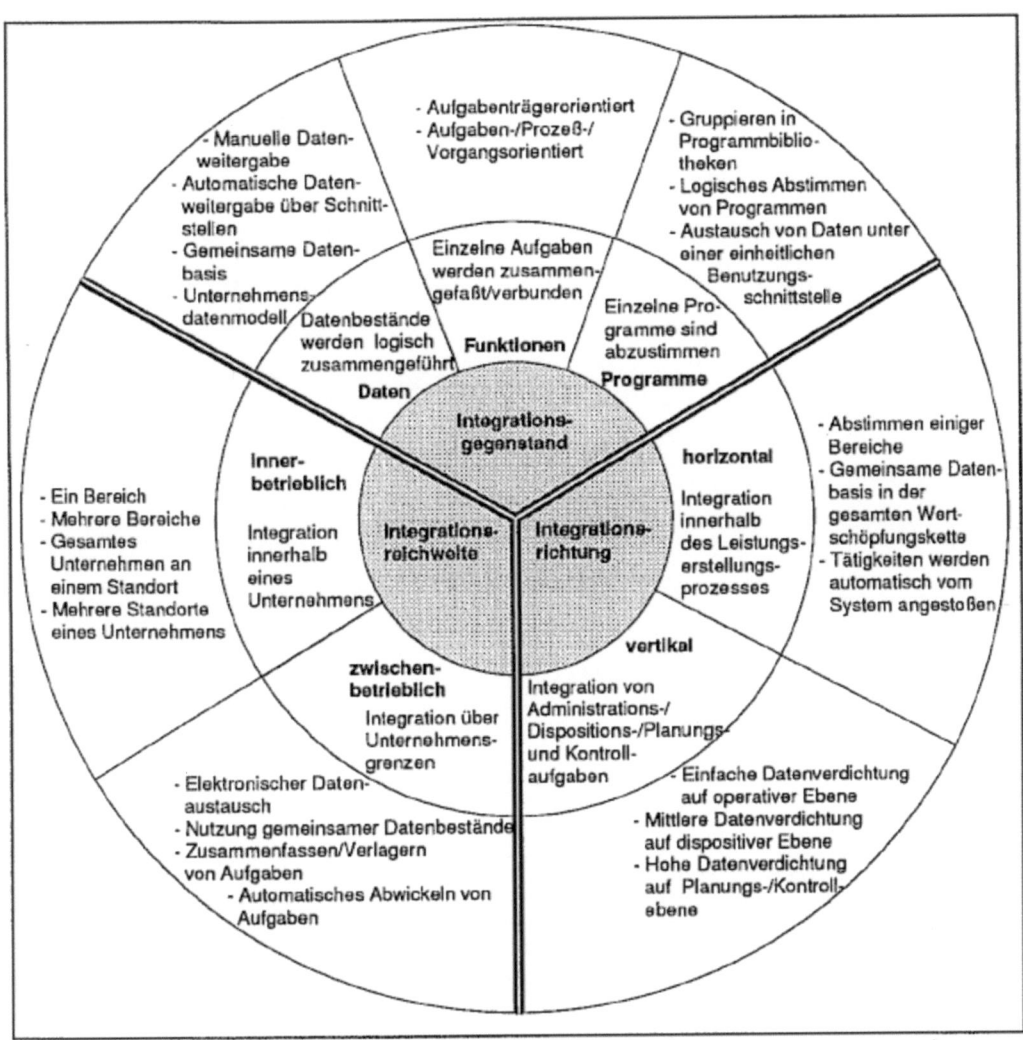

Bild 10 Integrationsbegriff nach LINß

Quelle: LINß (1995, S. 18)

Die spezifischen Merkmale dieses Ansatzes werden im anschließenden Abschnitt detaillierter betrachtet.

3.1.2.2 Der Integrationsbegriff nach LINß

Das Integrationsverständnis nach LINß (1995, S. 17-27) bietet durch die Einbeziehung von mehreren Begriffsprägungen eine umfassende Perspektive auf die Integration in der Wirtschaftsinformatik. Der Ansatz lässt sich nach folgenden Kriterien systematisieren:

Integrationsobjekte

Der wirtschaftsinformatische Integrationsbegriff beschreibt im weiten Sinne einen Verknüpfungszustand von menschlichen und maschinellen Komponenten, die als

Aufgabenträger fungieren und somit voneinander abhängig sind und zusammenwirken (Laudon et al. 2006, S. 43). In der Literatur wird diese allgemeine Sichtweise jedoch häufig auf betriebliche Anwendungssysteme und ihre Schnittstellen reduziert (Linß 1995, S. 17-27; Schumann 1992, S. 6).[52] Die integrativen Zusammenhänge können dabei anhand der Integrationsobjekte Daten, Funktionen und Programme charakterisiert werden. Neben der Funktionsintegration wird in der Literatur häufig die Prozessintegration als separates Objekt behandelt (Hölz 1997, S. 152-153; Mertens et al. 2005, S. 7-8). Beiden liegt gleichermaßen die Verkettung von Aufgaben zugrunde, so dass letztgenannte unter dem Term *„Funktionsintegration"* subsummiert werden können (Kromer 2001, S. 35).

- *Datenintegration*: Die Aufgabe der Datenintegration besteht darin, unterschiedlichen Anwendungssystemen einen einheitlichen (konsistenten) Datenbestand zur Verfügung zu stellen (Linß 1995, S. 19-20). Die Elimination von redundanten Daten kann technisch durch den Aufbau und Betrieb von übergreifenden Datenbanksystemen oder den periodischen bzw. ereignisabhängigen Abgleich von Datenbeständen über Schnittstellen erfolgen (Mertens et al. 2005, S. 7).

- *Funktionsintegration*: Die Funktionsintegration fasst fachlich zusammen-hängende Funktionen innerhalb eines Anwendungssystems zu logischen Einheiten zusammen. Beispielsweise lassen sich die Funktionen der Auftragserteilung, Materialdisposition, Produktionssteuerung, Auslieferung und Abrechnung zur Auftragsabwicklung vereinigen (Mertens et al. 2005, S. 7). Nach FERSTL (1992, S. 14-15) und BECKER (1991, S. 180-182) lässt sich die Funktionsintegration in eine aufgabenträger- und aufgabenorientierte Ebene unterscheiden. Aus aufgabenträgerorientierter Sicht kennzeichnet die Funktionsintegration die Vereinigung von Tätigkeiten bzw. Arbeitsinhalten an einem Arbeitsplatz (Linß 1995, S. 21; Hölz 1997, S. 153).[53] Dem aufgabenorientierten oder prozessorientierten Begriffsverständnis nach steht die

---

[52] HEILMANN (1989, S. 48) und HÖLZ (1997, S. 152) beziehen die Integration von Hard- und Systemsoftware mit ein.
[53] Als Beispiel nennt LINß (1995, S. 21) ein CAD-System, das neben den hauptsächlichen Konstruktionstätigkeiten auch Kalkulationen ermöglicht, die anschließend in die Kostenrechnung übernommen werden können.

applikationsübergreifende Abstimmung und Verkettung von geschäftlichen Vorgängen bzw. Geschäftsprozessen im Vordergrund. Die Grundlage hierfür bildet eine detaillierte Beschreibung der Prozesse, so dass Teilprozesse bruchlos ineinander übergehen und den Anwendern zu jedem Zeitpunkt die erforderlichen Funktionen und Daten zur Verfügung stehen (Linß 1995, S. 21; Kromer 2001, S. 35-36; Mertens et al. 2005, S. 7-8). Eine konsistente Datenintegration gilt demnach als Voraussetzung für die Funktionsintegration (Hölz 1997, S. 153).

- *Programmintegration*: Die Programmintegration kennzeichnet den Abgleich von Programmen bzw. Softwarebausteinen einzelner oder mehrerer Anwendungssysteme. Während die Funktionsintegration zum Ziel hat, die fachlich-inhaltlichen Vorgänge im Unternehmen abzubilden, realisiert die Programmintegration die IV-technische Verknüpfung der verschiedenen Komponenten (Mertens 2005, S. 3). Zu diesem Zweck sind die Programme zuvor in Gruppen zusammenzufassen, bevor sie logisch aufeinander abgestimmt werden. Den einzelnen Softwarebausteinen sind dabei arbeitsteilige betriebliche Detailfunktionen unter der Prämisse der Wiederverwendbarkeit zuzuweisen, so dass sie in mehreren Programmkomplexen eingesetzt (Componentware) und somit effektiv kombiniert werden können.[54] Zuletzt ist der zuverlässige Austausch von Daten zwischen den einzelnen Komponenten über Schnittstellen zu gewährleisten (Linß 1995, S. 22; Mertens 2005, S. 3).

Integrationsrichtung

Unabhängig vom Kriterium des Integrationsobjektes kann grundsätzlich eine horizontale und vertikale Integrationsrichtung unterschieden werden (Linß 1995, S. 23-24; Mertens et al. 2005, S. 8).[55] Die Abbildung (Bild 11) von MERTENS (2005, S. 6) zeigt diese anhand der Aufbauorganisation eines Unternehmens.

---

[54] Die sogenannten aktuellen *„Web Services"* können als eine Art Weiterentwicklung des Componentware-Gedankens angesehen werden.
[55] HÖLZ (1997, S. 152-153) und HEILMANN (1989, S. 48) unterscheiden zusätzlich noch eine temporale Integrationsrichtung.

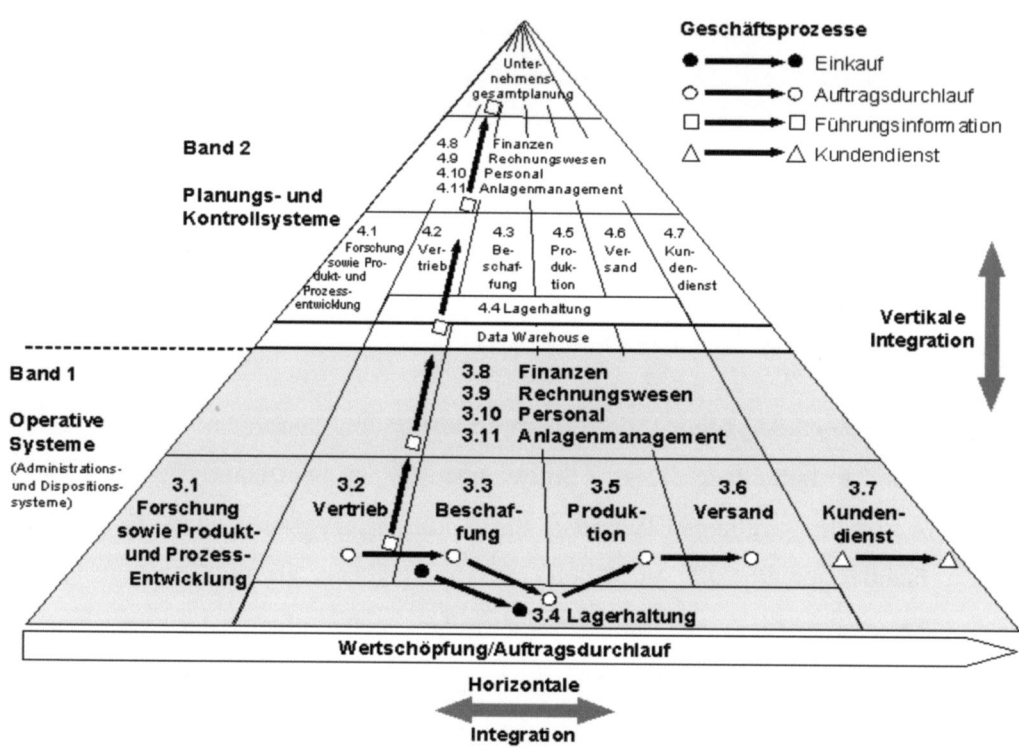

Bild 11 Gesamtkonzeption der Integrierten Informationsverarbeitung

Quelle: MERTENS (2005, S. 6)

Die **horizontale Integration** kennzeichnet die Verknüpfung der Administrations- und Dispositionssysteme verschiedener Funktionsbereiche entlang der Wertschöpfungskette, wie z. B. die datentechnische Weitergabe der Verkaufszahlen von Vertrieb an Produktion. In höheren Schichten steht die Abstimmung von Ertrags-, Absatz- und Produktionsplanungen im Vordergrund (Mertens 2005, S. 5).

Vertikale Integration beschreibt die Datenversorgung der Planungs- und Kontrollsysteme der oberen Schichten aus den Administrations- und Dispositionssystemen heraus (Mertens et al. 2005, S. 8). Die Weitergabe kann zeitecht („real time") oder über Datenlager (Data Warehouse, Business Informations Warehouse), in denen die Daten aus den operativen Systemen systematisch gespeichert werden, erfolgen (Mertens 2005, S. 5). Ziel der vertikalen Integration ist somit, unterschiedliche Detaillierungs- und Verdichtungsgrade von Informationsinhalten zu überbrücken, so dass Daten für die übergeordneten Planungs- und Kontrollsysteme nutzbar werden (Kromer 2001, S. 37).

Integrationsreichweite

Die Integrationsreichweite bezieht sich auf inner- und zwischenbetriebliche Formen der Integration (Linß 1995, S. 25-26).[56] Während die innerbetriebliche Integration die Verbindung der Anwendungssysteme innerhalb eines Unternehmens beschreibt, kennzeichnet die zwischenbetriebliche Integration die Verknüpfung von IT-Systemen von mindestens zwei Unternehmen (Kromer 2001, S. 37). Beispielsweise nutzen Kfz-Ersatzteilproduzenten Daten von Pkw-Herstellern über die Verkäufe einzelner Modelle für ihr eigenes Lagersystem und können so ihre Lagerkosten reduzieren (Mertens et al. 2005, S. 8-9).[57]

Das vorgestellte wirtschaftsinformatische Begriffsverständnis nach LINß (1995, S. 17-27) beschreibt Integration zusammenfassend als einen Verknüpfungszustand von Anwendungssystemen. Dieser erfolgt aber weitestgehend ohne eine Betrachtung des Integrationsgrades bzw. der Bindungsintensität zwischen den Integrationsobjekten.[58]. Der jeweilige Integrationsgrad ergibt sich aber erst durch die gewünschte veränderte Nutzung oder Transfer der Integrationsobjekte hinsichtlich ihrer Integrationsreichweite und –richtung. Diese werden für die jeweiligen IT-Ressourcen in Kapitel 3.1.3 detailliert festgelegt und basieren auf einem allgemeinen Ansatz der Integrationsgrade, den auch RENTROP (2004, S. 42-44) und SPERLING (2007, S. 68-69) verwenden. Sie unterscheiden die folgenden Merkmale:

- *Absorption i. S. v. vollständiger Integration*: Die vorherige Funktion und Struktur eines Objektes wird zu Gunsten einer dominierenden Struktur aufgelöst und übernommen. Dabei sind umfangreiche Integrationsaktivitäten zu tätigen, so dass das Integrationsobjekt nachher als eine Einheit fortbestehen kann.

- *Symbiose i. S. v. partieller Integration*: Die Symbiose zielt auf die funktionale Zusammenarbeit von koexistierenden Integrationsobjekten ab. Diese sollen unter konsequenter Synergiepotenzialausschöpfung fortgeführt und verbunden werden.

---

[56] MERTENS (2005, S. 6-8) differenziert darüberhinaus die Bereichsintegration und die bereichsübergreifende Integration.
[57] Die grundlegende Überlegung zum Import oder zur eigenen Produktion dieser Daten erfolgt auf transaktionskostentheoretischer Basis.
[58] LINß (1995, S. 23-27) beschreibt zwar Integrationsgrade für die Integrationsreichweite und –richtung, diese finden in dieser Untersuchung aber keine weitere Verwendung.

- *Erhaltung i. S. v. Autonomie*: Wie im Falle der Symbiose existieren beide Integrationsobjekte weiterhin, eine funktionale Zusammenarbeit wird aber nicht beabsichtigt. Integration und somit Synergieerzielung ist demnach nur von geringer Bedeutung.

- *Holding*: Eine Integration findet im Sinne eines Know-how-Transfers statt, der integrierter Planungs-, Kontroll- und Informationssysteme bedarf. Somit können beispielsweise finanzielle Synergiepotenziale realisiert werden.

3.1.3 Das Integrationsverständnis dieser Arbeit

Ziel dieser Untersuchung ist, die Relevanz der Informationstechnologie und die Probleme ihrer Integration bei Mergers & Acquisitions darzustellen sowie einen ersten geeigneten Weg zur Problemlösung darzustellen. Die vorliegende Arbeit bildet somit eine Schnittmenge zwischen den Disziplinen der Betriebswirtschaftslehre und der Wirtschaftsinformatik. Dieser interdisziplinäre Charakter ist dafür verantwortlich, dass zum jetzigen Zeitpunkt weder der Integrationsbegriff der M&A-Forschung, noch jener der Wirtschaftsinformatik für das weitere Forschungsanliegen als zweckmäßig erscheinen. Das prozessorientierte Begriffsverständnis von Integration in der M&A-Forschung zeigt ein allgemeines Vorgehen für zu integrierende Unternehmensressourcen in einer M&A-Transaktion auf. Die Betrachtung der wirtschaftsinformatischen Integration hat dazu beigetragen, dieses Vorgehen für den Bereich der Informationstechnologie genauer zu spezifizieren. Doch lässt die bisherige Begriffsprägung einen Bezug zur strategischen Ausrichtung und einer IT-Organisation bzw. einem IT-Management (Kapitel 2.2) eines Unternehmens größtenteils vermissen. Für diese Untersuchung ist daher eine eigene Integrationsdefinition nötig, die in ihren Grundsätzen auf den Arbeiten von KROMER (2001, S. 39-47) und SPERLING (2007, S. 32-35) basiert.

Die Integration der Informationstechnologie bei Mergers & Acquisitions ist demnach durch den Zustand gekennzeichnet, der aus dem Abschluss eines Vereinigungsprozesses mit dem Ziel der Erschließung von Wertsteigerungspotenzialen resultiert und welcher durch den Transfer bzw. die veränderte Nutzung der IT-Ressourcen, wie z. B. Hardware und Systemsoftware, Anwendungssysteme, IT-Organisation der bei einer Transaktion zusammenarbeitenden Unternehmen beschrieben ist (Kromer 2001, S. 39).

Die konstitutiven Merkmale dieser Definition lassen sich nachfolgend charakterisieren.

3.1.3.1 Prozessverständnis

Die Integration stellt während des gesamten M&A-Prozesses eine Querschnittsaufgabe dar und beginnt nicht erst mit Abschluss der Transaktionsphase (Sperling 2007, S. 31-32). Ein gezieltes Informationsmanagement kann dabei den Integrationsprozess gezielt unterstützen. Eine eigens errichtete Projektinfrastruktur, die über eine eigene Aufbau- und Ablauforganisation verfügt, koordiniert den Informationsfluss, bevor mit der Abwicklung der Integrationsaufgaben in der Post-Merger-Phase begonnen wird (Rentrop 2004, S. 60-62).

3.1.3.2 Ergebnisorientierung

Einem zustandsorientierten Begriffsverständnis zufolge bezeichnet Integration einen Status der Verbindung bzw. Zusammenführung (Kromer 2001, S. 34). Integration bezieht sich somit auf einen angestrebten oder aktuellen Stand der Zusammenarbeit von M&A-Partnern, die sich sowohl auf vollständige wie auch auf partielle Veränderungen bezieht (Sperling 2007, S. 33).

GERPOTT (1993, S. 119) weist darauf hin, dass mit zunehmender Ressourcen-veränderung zwar die Kosten der Integration steigen, aber der ökonomische Erfolg der Integrationsmaßnahmen nicht gleichzeitig linear zunimmt. In diesem Zusammenhang geht es vielmehr um eine optimale Integration, die von der strategischen Zielsetzung abhängt, als um die maximale Integration der M&A-Partner (Sperling 2007, S. 33).

3.1.3.3 Integrationsobjekt IT-Ressourcen

Die Integrationsobjekte der oben aufgeführten Definition sind informations-technologische Ressourcen. Integration beschreibt dahingehend, in welchem Ausmaß die IT-Ressourcen der an einer M&A-Transaktion beteiligten Unternehmen durch veränderte Nutzung bzw. Transfer hin zu einem gewünschten Ergebnis verbunden werden (Kromer 2001, S. 39). Nach dem in Kapitel 2.2.2 vorgestellten Ansatz von LAUDON ET AL. (2005) beziehen sich diese auf die Dimensionen der Organisation, des Managements und der Technik. Innerhalb dieser Ressourcenkategorien werden im Folgenden weitere Integrationsobjekte identifiziert, die durch ihre jeweilige Verbindungsart unterschiedliche Integrationsgrade aufweisen.

Technik

Die Technik umfasst die Bereiche der Hard- und Software, der Speicher- sowie der Kommunikations- und Netzwerktechnik (Kapitel 2.2.2).

In der Kategorie **Hardware** lassen sich sämtliche physischen Geräte, die zur Eingabe, Verarbeitung und Ausgabe in IT-Systemen eingesetzt werden, zusammenfassen. Diese Annahme ermöglicht eine weitergehende Unterteilung in z. B. Server, Arbeitsplatzrechner, Bildschirme, Drucker, Repeater/Bridges/Router sowie Kundenselbstbedienungsgeräte. Der Integrationsgrad der Ressourcenverknüpfungen hängt stark von den Kategorien der Speicher-, Kommunikations- und Netzwerktechnik ab, da sie auf den entsprechenden Leistungsbedarf hin ausgerichtet sein müssen.

Unter der **Kommunikations- und Netzwerktechnik** eines Unternehmens verstehen LAUDON ET AL. (2005, S. 277-278) „[…] eine Sammlung von zueinander kompatibler Hardware (Endgeräte, physische Netzwerkkomponenten), Software (Betriebssysteme, Netzwerkprotokolle, Anwendungssysteme) und Übertragungsverfahren, die einen Austausch von Informationen […]" über physische oder drahtlose Netzwerk ermöglicht.[59] Die Vernetzung von Rechnern und weiteren Komponenten ist durch die Überlegung motiviert, durch gezielte Generierung von Kommunikations-, Daten-, Funktions-, Last- oder Verfügbarkeitsverbunden einen Vorteil gegenüber dem Einzelplatzbetrieb zu erreichen (Scheer 1990, S. 86-87). Die Kommunikation der einzelnen Komponenten findet dabei über unterschiedliche Netze statt. Innerhalb von Unternehmen hat sich das TCP/IP-basierte (Wireless) Local Area Network (WLAN bzw. LAN) als Standard durchgesetzt. Diese können durch weitere Vernetzung mit Wide Area Networks (WAN) zusammengeschlossen werden, um geografisch auseinanderliegende Standorte miteinander zu verbinden und um Zugriff auf das Internet zu erhalten (Mertens et al. 2005, S. 41-43).

Der **Speichertechnik** kommt in diesem Kontext eine besondere Bedeutung zu, weil sie durch die zentral oder dezentral gespeicherten Daten und deren Strukturbeziehungen die Auswertungsmöglichkeiten durch Anwendungsprogramme bestimmt und somit unmittelbaren Einfluss auf das Wertschöpfungspotenzial eines Unternehmens hat (Scheer 1990, S. 7). Die Ausrichtung der Datenorganisation an das unternehmensspezifische Umfeld stellt eine der größten Herausforderungen dar: Redundanzen und Inkonsistenzen müssen im Vorfeld erkannt und eliminiert, Datenaustausch und Auswertungen flexibilisiert und die Datensicherheit gewährleistet

---

[59] Die Telefonie als Übertragungsmedium von Informationen ist nicht Teil dieser Untersuchung.

werden. Die Datenbanktechniken reichen dabei von hierarchischen über relationale bis hin zu objektorientierten Datenmodellen, die je nach Anforderung implementiert werden (Laudon et al. 2005, S. 322-333).

Softwaresysteme lassen sich nach System- und Anwendungssoftware kategorisieren (Kapitel 2.2.2). Im Systembereich bezieht sich die Wahl auf die Standardprodukte, wie z. B. Microsoft Windows oder Linux, verschiedener Anbieter. Die Bestimmung der Anwendungssoftware hängt zunächst von der präferierten Form, Individual- oder Standardsoftware, ab. In größeren mittelständischen sowie in Großunternehmen hat sich die SAP AG mit ihrer ERP-Software SAP R/3 bzw. SAP ERP die weltweite Marktführerschaft für das Segment der funktionsorientierten Applikationen erarbeitet.[60] Die Anwendung ist durch ein modulares System gekennzeichnet, das alle betrieblichen Bereiche, sowohl die der Wertschöpfungs- als auch die der Querschnittsfunktionen, systemtechnisch abbildet (SAP AG 2008). Die wichtigsten Komponenten sind die der Finanzbuchhaltung, des Controllings, der Personalwirtschaft, der Materialwirtschaft, der Produktionsplanung und –steuerung sowie des Vertriebes. Diese umfangreiche Abdeckung der Geschäftsfunktionen hat zur Folge, dass die betriebliche Standardsoftware das zentrale Element des IT-Systems einnimmt (Robert 2002, S. 24). Der Einsatz dieser Softwarelösungen hat für das Unternehmen eine Reihe von Vorteilen (Gronau 1999, S. 15):

- Ein Produkt, das im Hinblick auf Benutzerfreundlichkeit, Störanfälligkeit, Funktionalität, Flexibilität und Kompatibilität stets weiterentwickelt wurde.
- Eine zeitlich schnell realisierbare Erstinstallation als auch die weiterer Module, da diese nicht mehr individuell programmiert werden müssen.
- Niedrigere Kosten als bei vergleichbarer Entwicklung und Implementierung von Individualsoftware.

Als nachteilig erweist sich, dass sich Unternehmen bei der Wahl einer solch umfangreichen Software in die Abhängigkeit des Herstellers bzw. Anbieters begeben (Robert 2002, S. 25). Verbindungen dieser Anwendungen können in Form des

---

[60] Die Differenzierung von funktionsorientierten und daraus abgeleiteten funktionsunabhängigen Anwendungen basiert auf den Ausführungen zu Anwendungssystemen in Industrie und Dienstleistung von MERTENS ET AL. (2005, S. 29-33, S. 83-152).

Datenaustausches über Schnittstellensysteme sowie als Teil der Best-of-breed-Strategie auftreten.[61]

In den Bereich der funktionsunabhängigen Applikationen fallen Office-Systeme, wie z. B. Microsoft Office oder Lotus Notes, und weitere Anwendungen, wie z. B. Browser, Virenscanner oder Komprimierungsprogramme (Mertens et al. 2005, S. 29-30). Für sie ergeben sich die Möglichkeiten der separaten Fortführung oder der Standardisierung. Die Standardisierung unterscheidet sich dabei in der länder- bzw. regionenspezifischen Fortführung beider Applikationen, die Ersetzung der Anwendungen durch die bereits genutzten eines anderen Unternehmens und die Implementierung neuer Software (Kromer 2001, S. 41-42).

Das gesamte Techniksystem orientiert sich bei der Zusammenstellung an den Anforderungen der Organisation und des Managements. Hierunter fallen:

- Systemverfügbarkeit,
- Antwortzeiten,
- Datenvolumen und
- Automatisierungsgrad.

Organisation und Management

Die vorher getrennt betrachteten Bereiche der Organisation und des Managements (Kapitel 2.2.2) werden für die weitere Untersuchung unter dem Begriff *„Organisation und Management"* gebündelt. Diese Vorgehensweise ermöglicht eine gesamtheitliche Perspektive von organisatorischen und managementspezifischen Verflechtungen auf gestaltungstechnischer sowie aufbau- und ablauforganisatorischer Ebene.[62] Demnach fallen unter diesen Bereich Hierarchiestrukturen, Verfahrensrichtlinien, Unternehmenspolitik und –philosophie sowie die Aufgaben des IT-Managements (Controlling, Personal-, Qualitäts-, Sicherheits- und Technologiemanagement) (Kapitel 2.2.2). Dieses Integrationsobjekt betreffend können die Integrationsgrade der Autonomie sowie der Teil- und Vollverschmelzung unterschieden werden (Kromer 2001, S. 42).

---

[61] Die Best-of-breed-Strategie beschreibt einen Weg zur Auswahl der Unternehmenssoftware. Für die jeweiligen Funktionsbereiche wird die bestmögliche Anwendung ausgewählt und die unterschiedlichen Produkte über Schnittstellen verbunden (Lenz 2001).

[62] RENTROP (2004, S. 75- 76) differenziert nur die Bereiche der organisatorischen und technischen Integration.

3.1.3.4 Integrationsziel Synergieeffekte

Integration bezeichnet die Erschließung verbindungsbezogener Wertsteigerungs-
potenziale, die mit Hilfe der Verknüpfung von IT-Ressourcen erzielt werden. Diese
Definition schließt solche Nutzungsveränderungen der IT-Ressourcen aus, die
ausschließlich zur isolierten unternehmensspezifischen Optimierung getätigt werden.
Sie bietet aber wiederum die Möglichkeit, Synergiepotenziale anderer betrieblicher
Funktionsbereiche als Zielgröße zu betrachten, sofern IT-Ressourcen durch
Nutzungsänderung oder Transfer eine instrumentale Rolle zukommt (Kromer 2001,
S. 42). Nicht M&A-spezifische Aspekte sind somit bei der synergetischen
Zusammenführung von IT-Ressourcen nicht Teil dieser Untersuchung. In Anlehnung an
RIGALL und HORNKE (2007, S. 497) lassen sich mögliche IT-bezogene
Synergiepotenziale in Tabelle 3 darstellen.

Tabelle 3 IT- und von der IT abgeleitete Synergien

IT-Ressource	IT-Synergien (Beispiele)	Abgeleitete Synergien (Beispiele)
Technik (Hardware und Systemsoftware, Kommunikations- und Netzwerktechnik)	• Verbesserte IT-Einkaufskonditionen für Hardware durch Mengeneffekte • Konsolidierung von Rechenzentren oder einzelner Infrastrukturbestandteile • Verringerung von Kommunikationskosten durch einheitliche Netze (z. B. WAN) • Geringere Betriebskosten für Infrastruktur (z. B. Full Service Printing)	• Optimierung der Produktionsplanung durch Vernetzung der Produktionsstandorte • Verbesserung des Verkaufsprozesses durch systemtechnische Anbindung des Point-of-Sales an Lager und Produktionskapazitäten • F&E: Simultaneous Engineering durch Vernetzung
Anwendungssysteme (funktions – und nicht-funktionsabhängige)	• Eliminierung doppelter Anwendungen • Einsparung von Lizenzkosten durch Reduktion der Anwendungen bzw. einheitliche Benutzerkonzepte • Konsolidierung von Stammdaten (inkl. Stammdatenpflege)	• Geringere Ausbildungskosten durch Systemvereinheitlichung und somit höhere Personalflexibilität • Verringerung von Ausfallzeiten und Unfallkosten durch effizientere Informationsbereitstellung
Organisation und Management	• Eliminierung von redundanten Prozessen • Konsolidierung der IT-Organisation • Standardisierung von IT-Schulungen • Erhöhung der IT-Sicherheit/Reduktion von Datenmissbrauch • Verbesserte Data Recovery Maßnahmen	• Verringerung der Produktionsausfallzeiten durch effizientere IT-Hotlines/Desaster Recovery Prozeduren • Höhere Vertriebsleistung durch Informationsbereitstellung (z. B. CRM-Software)

Quelle: In Anlehnung an RIGALL und HORNKE (2007, S. 497)

Die Realisierung von IT-Synergien hängt dabei stark von dem gewählten Integrationsgrad ab. Die verschiedenen Möglichkeiten und Folgen werden in Kapitel 3.2 näher thematisiert.

3.2 Zusammenfassende Abgrenzung des Untersuchungsbereiches

Die Ausführungen in Kapitel 2 und 3 zielten auf eine klare begriffliche sowie konzeptuelle Abgrenzung des Untersuchungsbereiches ab. In Kapitel 2.1 wurde das weite Spektrum der Ausprägungsarten, der Motive, Ziele und Risiken sowie der Ablauf von Mergers & Acquisitions dargestellt. Die Variationsbreite der Erscheinungsformen sowie die Vielschichtigkeit bezüglich der Planung, Steuerung und Kontrolle des Integrationsprozesses bei Unternehmenszusammenschlüssen macht es schwer, eine generelle Gestaltungsempfehlung zu formulieren (Sperling 2007, S. 41). GALPIN und HERNDON (2000, S. 14-15) sind aber der Meinung, dass der Integrationsprozess weniger von der gewählten Zusammenschlussform als von den mit dem Zusammenschluss zu erreichenden Zielen abhängt. Dem beipflichtend sehen FISCHER und WIRTGEN (2000, S. 14-15) bei Unternehmenskooperationen, wie z. B. Joint Ventures, ähnlich gelagerte Probleme und Erfolgsfaktoren bei der Integration wie bei anderen Zusammenschlusstypen. Dahingegen merkt GERPOTT (1993, S. 37) an, dass sich Unternehmenskooperationen deutlich von Mergers & Acquisitions i. e. S. unterscheiden und Überlegungen zur Gestaltung des Integrationsprozesses nicht übertragen werden können. Die Unterschiede der Einzelintegrationsmaßnahmen können aufgrund der Heterogenität der Zusammenschlüsse auch nicht bestritten werden (Sperling 2007, S. 42). Aussagen über das Integrationsmanagement können deshalb nur zu grundsätzlichen Überlegungen zur zielorientierten Abwicklung des Integrationsprozesses getroffen werden und nicht zu einzelnen operativen Maßnahmen. Der Untersuchungsbereich dieser Arbeit wird daher auf strategisch motivierte Zusammenschlüsse beschränkt. Voraussetzung ist, dass die beteiligten Unternehmen den Zusammenschluss zur Erreichung strategischer Ziele, wie z. B. Stärkung der Marktmacht und Wettbewerbsposition, nutzen und nicht aus spekulativen bzw. finanziellen Motiven oder mit der Absicht der Unternehmenszerschlagung heraus handeln. Diese Ziele (Erzielung von positiven Synergieeffekten, Stärkung der

Marktmacht und der Wettbewerbsposition) können durch die Wahl von horizontalen, schwerpunktmäßig verbindungsbezogenen Mergers & Acquisitions am besten realisiert werden.

Im anschließenden Kapitel 2.2 stand die Betrachtung und Abgrenzung der Informationstechnologie im Fokus. Der vorgestellte Ansatz des IT-Systems ermöglicht die unternehmensinterne Informationstechnologie in die drei Bereiche der Technik, der Organisation und des Managements zu kategorisieren.

Im Anschluss daran lieferte das Kapitel 3 eine Analyse des Terms *„Integration"* aus Perspektive der M&A-Forschung und der Wirtschaftsinformatik, aus welcher eine eigene Begriffsauffassung der IT-Integration bei Mergers & Acquisitions entwickelt wurde. Diese umfasst letztendlich ausschließlich IT-Problemstellungen während des IT-Integrationsprozesses bei M&A-Transaktionen innerhalb der vorher definierten Bereiche eines IT-Systems. Somit betrifft diese Definition nur durch Mergers & Acquisitions verursachte Veränderungen in der Konfiguration von IT-Ressourcen. Diese lassen sich in Anlehnung an KROMER (2001, S.44) auf Basis der vorher abgegrenzten begrifflichen Grundlagen in Bild 12 zusammenfassen.

Technik				Organisation und Management
Hardware und Systemsoftware	Kommunikations- und Netzwerktechnik	funktionsabhängige Anwendungssysteme	funktionsunabhängige Anwendungssysteme	
Integrationsobjekte				
Rechenzentren, Server, Repeater/Bridges/ Router, Arbeitsplatz-rechner, Monitore, Drucker, SB-Geräte, Arbeitsplatz-/ Server-BS	(W)LAN-Topologien und -medien, LAN-Protokolle, LAN-BS und -Tools, WAN	Forschung, Entwicklung, Marketing, Vertrieb, Kunden-information, -beratung, Beschaffung, Lagerhaltung, Versand, Produktion, Leistungs-erbringung, Rechnungswesen, Controlling, Finanzen, Personal	Office-Systeme, E-Mail-Systeme	Hierarchische Strukturen, IT-Personal, aufbau- und ablauf-organisatorische Regelungen, Aufgaben, Methoden/Modelle/ Werkzeuge, Projekte
Integrationsgrade				
separate Fortführung, Standardisierung (regionen-/länderspezifisch, Selektion eines bestehenden oder neuen Standards)	separate Fortführung, Kopplung, Konsolidierung (regionen-/länderspezifisch, Selektion einer bestehenden oder neuen Architektur)	separate Fortführung, Datenaustausch, Standardisierung (regionen/länderspezifisch, Best-of-Breed, Selektion eines bestehenden oder neuen AS)	separate Fortführung, Standardisierung (regionen-/länderspezifisch, Selektion eines bestehenden oder neuen AS)	Autonomie, Teilverschmelzung, Vollverschmelzung (regionen-/länderspezifisch, Selektion von bestehenden oder neuen Prozessen/Strukturen)

Bild 12 Verwendete Konzeption von Integration der Informationstechnologie

Quelle: In Anlehnung an KROMER (2001, S. 44)

Nach der arbeitsspezifischen Präzisierung von Mergers & Acquisitions, der Informationstechnologie und der Integration können die grundlegenden Merkmale des Untersuchungsbereiches anhand eines morphologischen Kastens (Tabelle 4) dargestellt werden.

Tabelle 4 Abgrenzung des Untersuchungsbereiches

Mergers & Acquisitions				
Erwerber	Unternehmen		andere Wirtschaftssubjekte	
Erwerbsobjekt	Unternehmen		geschlossene Unternehmensteile	
Erwerbsform	Kapitalanteilserwerb		Vermögenserwerb	
Bindungsintensität	beherrschende Einflussnahme		Beschränkte Einflussnahme	
Bindungsrichtung	horizontal	vertikal	konglomerat	
Wertsteigerungs-potenziale	verbindungsbezogen		objektbezogen	
	güterwirtschaftlich		finanzwirtschaftlich	

Integration				
Integrationsaspekte	Zustand der Ressourcenverflechtung	IT bezogener Prozess	genereller Prozess
Integrationsobjekte	IT-Technik	IT-Organisation und -Management	Sonstige Ressourcen
Integrationsziel	Synergieeffekte		Restrukturierung

Quelle: In Anlehnung an KROMER (2001, S. 47)

Die alleinige Festlegung des Untersuchungsbereiches liefert noch keine Gestaltungsempfehlung hinsichtlich des Integrationsprozesses. In der M&A-spezifischen Literatur fand die Beobachtung der Informationstechnologie als eigenständiges Integrationsobjekt lange Zeit nicht statt. Erst in jüngerer Vergangenheit ist sie Gegenstand mehrerer präskriptiver Publikationen sowie einer wesentlich geringeren Anzahl wissenschaftlich fundierter Betrachtungen (Kromer 2001, S. 49). Das nächste Kapitel liefert eine Zusammenfassung einiger präskriptiver Beiträge und stellt mögliche Vorgehensweisen zur Gestaltung des IT-Integrationsprozesses bei Mergers & Acquisitions dar.

4 IT-Integration bei Mergers & Acquisitions in Wissenschaft und Praxis

In der Literatur beschränkte sich lange Zeit die Gestaltung von Mergers & Acquisitions auf Fragestellungen zum strategischen Fit sowie zur Planung und Entscheidung solcher Transaktionen. Erst gegen Ende der 1980er Jahre entwickelte sich im deutschsprachigen Raum eine Diskussion über die Integrationsgestaltung (Gerpott 1993, S. 8). Der Aspekt der IT-Integration[63] wurde aber nur am Rande und eher von amerikanischen Autoren betrachtet (Carlyle 1986; McWilliams 1988). Seit Ende der 1990er Jahre ist ein gesteigertes Interesse der IT-Integration zu verzeichnen, das sich in der gestiegenen Anzahl von präskriptiven Beiträgen und wissenschaftlichen Publikationen widerspiegelt (Kromer 2001, S. 49). Insbesondere Praktiker, Fachjournalisten sowie Beratungsunternehmen erkannten im Zusammenhang mit der Entwicklung der Informationstechnologie und Mergers & Acquisitions die Relevanz einer strukturierten Vorgehensweise bei der IT-Integration.

4.1 IT-Integration bei Mergers & Acquisitions in der präskriptiven Literatur

Die Beiträge in der präskriptiven Literatur sind dennoch größtenteils nicht durch wissenschaftlich fundierte Untersuchungen abgesichert. Im Falle von Veröffentlichungen durch Praktiker und Beratungsunternehmen beruhen sie eher auf Erfahrungsberichten und im Einzelfall angewandten Vorgehensweisen, wie beispielsweise bei HESSELINK (1999), KELCH (1999) oder COURTH ET AL. (2008). Dennoch werden sie aufgrund der Relevanz zusammenfassend dargestellt, um Gemeinsamkeiten und Unterschiede zu identifizieren. Die dargestellten Ergebnisse beruhen in ihren Grundzügen auf der Untersuchung von KROMER (2001, S. 51-78) und behandeln lediglich Beiträge, die für horizontale und verbindungsbezogene Transaktionen bedeutend sind sowie einen (in)direkten Bezug zum

---

[63] Der Term „IT-Integration" wird in der weiteren Untersuchung synonym zu „IT-Integration bei Mergers & Acquisitions" verwendet.

IT-Integrationsprozess haben.[64] KROMER (2001, S. 51) sammelte für seinen Vergleich eine Vielzahl von präskriptiven Beiträgen, in denen normative Aussagen im Vordergrund standen, und fasste diese in Themenbereiche zusammen.[65] Außerdem konnte er auf zwei normative Beiträge (Chatham et al. 1997; Eckhouse 1998), die auf empirischen Studien basieren, zurückgreifen. Die ausgewählten Quellen finden folgende aktuelle Ergänzungen:

- Projektorganisation und –management: RIGALL und HORNKE (2007), COURTH ET AL. (2008)
- Kulturelle Integration: DIER und ECKERT (2008), VAUBEL und HERBES (2008)
- Transaktionsbezogene Kommunikation: FARHADI und TOVSTIGA (2008)
- Maßnahmen der Mitarbeiterbindung: SIMMONS (2007)
- IT-Recht und –Sicherheit: SÖBBING (2007), TANDLER und ADLMANNINGER (2007)
- Empirische Studien: PRICEWATERHOUSECOOPERS (2000), JANSEN ET AL. (2004)

Anschließend kategorisierte KROMER (2001) verschiedene Zielebenen der IT-Integration bei Mergers & Acquisitions, die in den nächsten Abschnitten intensiver betrachtet werden.[66]

4.1.1 Ziel- und Erfolgsbeiträge

Die untersuchten Beiträge sehen in großer Übereinstimmung eine effektive IT-Integration als notwendige Voraussetzung und teils sogar als ursächlich für den ökonomischen Erfolg einer M&A-Transaktion (Kromer 2001, S. 51). In diesem Zusammenhang merken viele Autoren (Johnson 1989, S. 56; Bowen 2000, S. 41) an, dass die Aufrechterhaltung eines störungsfreien Betriebes der Informationstechnologie das priorisierte Ziel der IT-Integration sein sollte (Kromer 2001, S. 52). Nur so ist es möglich, einen wesentlichen Anteil der transaktionsbedingten fachseitigen

---

[64] Nicht als IT-spezifisch zu erachtende Publikationen weisen ebenfalls Implikationen für die IT-Integration auf. Sie sind somit ebenfalls Untersuchungsgegenstand.
[65] Durch diese Begriffsprägung erkennt KROMER (2001, S. 50) einen sprachlich austauschbaren Charakter der Ausdrücke „präskriptiv" und „normativ" für seine weiteren Ausführungen. Diesem Ansatz wird für die vorliegende Untersuchung gefolgt.
[66] Die nachfolgend geschilderten Sachverhalte basieren auf den Untersuchungsergebnissen von KROMER (2001). Zusätzlich sei aber aus Gründen der Nachvollziehbarkeit exemplarisch auf von ihm untersuchte Quellen hingewiesen.

Synergiepotenziale, die auf 30 bis 50 % geschätzt werden, zu realisieren. Daraus folgernd sehen einige Autoren, wie z. B. HOLZWART (2000, S. 56), einen Grund der mangelhaften Wertsteigerung bei Mergers & Acquisitions in einer unzulänglich durchgeführten IT-Integration. Die Einsparung von IT-Kosten gilt in den präskriptiven Beiträgen als bedeutendes Ziel einer IT-Integration. Umso erstaunlicher ist es, dass die normative Literatur bezüglich des Umfangs und des Potenzials einer IT-Kostensenkung bei Mergers & Acquisitions uneinig ist. Auf der einen Seite sehen Autoren umfangreiche Möglichkeiten zur Einsparung von IT-Kosten, andererseits weisen andere Publikationen (Hoffman 1998, S. 1) darauf hin, dass proklamierte Kostensenkungen selten tatsächlich realisiert werden (Kromer 2001, S. 52). Die von CHATHAM ET AL. (1997) und ECKHOUSE (1998) angeführten empirischen Untersuchungen können auch nicht zum Aufschluss dieses Sachverhaltes dienen. Kommt erstgenannte Studie zu dem Schluss, dass in ca. 90 % der beobachteten Transaktionen IT-Kosten eingespart werden konnten, so berichtet letztere von einem sinkenden IT-Budget im Vergleich zum Umsatz in nur ca. 20 % der betrachteten Fälle.[67] Annähernd in der „goldenen Mitte" liegen hingegen JANSEN ET AL. (2004), die von einer diesbezüglichen Erfolgsquote bei Mergers & Acquisitions von rund 60 % berichten. Eine mehrheitliche Einigkeit herrscht indessen darüber, dass die einmaligen Integrationskosten einen nicht zu unterschätzenden Posten des Transaktionsbudgets ausmachen. Diese beziehen sich auf die verschiedenen Planungsbereiche der IT-Integration.

4.1.2 Planungsaspekte

KROMER (2001, S. 54) erkennt in der normativen Diskussion zur Planung der IT-Integration zwei wesentliche Themenkomplexe: Die Berücksichtigung in der Transaktionsvorbereitung und die IT-strategischen Planungen.

Berücksichtigung in der Transaktionsvorbereitung

Eine große Anzahl von Autoren (Bartholomew 1998, S. 37) erkennt in der zu späten Beachtung der IT-Integration eine Ursache für die hohe Mißerfolgsquote bei Mergers & Acquisitions (Kromer 2001, S. 54). In diesem Kontext können zwei Aspekte voneinander unterschieden werden:

---

[67] Die von CHATHAM ET AL. (1997) angeführte empirische Untersuchung sieht „Increased operating efficiencies", „Data center/facility consolidation" sowie „Network/infrastructure consolidation" als die drei wesentlichsten Bereiche zur Kostensenkung an. Diese wurden in Bild 12 ebenfalls dargestellt.

- Zeitpunkt der personellen Einbindung der IT-Funktion und

- Zeitpunkt und Ausmaß der Analyse von IT-Inhalten.

Normative Beiträge (Anthes 1998, S. 70) räumen der personellen Einbindung der IT-Funktion zu einem frühen Zeitpunkt der M&A-Transaktion einen hohen Stellenwert ein. Diese Rolle übernimmt üblicherweise der IT-Leiter bzw. Chief Information Officer (CIO). Ihm obliegt in diesem Fall die Abschätzung von Synergiepotenzialen, Implementierungs-dauer und –kosten (Kromer 2001, S. 55). Hinsichtlich der Frage inwieweit CIO's in den Entscheidungsprozess bei M&A-Transaktionen einbezogen werden, herrscht wiederum Uneinigkeit. CHATHAM ET AL. (1997, S. 11) schließen aus ihren Untersuchungen, dass ca. zwei Drittel aller CIO's erst nach Vertragsschluss mit den Integrationsplanungen beginnen können, wobei ECKHOUSE (1999, S. 103) in ca. 86 % der beobachteten Fälle den CIO als gleichberechtigten Entscheidungsträger neben dem Chief Financial Officer (CFO) sieht. Die Erfahrungsberichte von Praktikern und Beratern bestätigen in erster Linie diesen Widerspruch. Einerseits wird von zeitnaher Einbindung der CIO's in der ersten Phase der Transaktion berichtet (Hoffman 1998, S. 24), andererseits von einer mangelhaften personellen Berücksichtigung (Bowen 2000, S. 40; Kromer 2001, S. 56).

Ergänzend zur personellen Einbindung der IT-Funktion wird die Betrachtung über den Zeitpunkt und das Ausmaß der Betrachtung von IT-Inhalten als Voraussetzung für den Integrationserfolg diskutiert. Einige Autoren (Hornke und Menke 2008, S. 89) fordern, die IT-Ressourcen des Zusammenschlusspartners schon vor Vertragsabschluss detailliert zu analysieren, um schon frühzeitig mit den Planungen zur IT-Integration zu beginnen. Andere Autoren (Anthes 1998, S. 70) siedeln die IT-spezifische Auswertung des Vertragspartners im Rahmen der Due Diligence an (Kromer 2001, S. 57).

IT-strategische Planungen

Nach KROMER (2001, S. 58-59) lassen sich zur Einbindung der IT-Integration bei Mergers & Acquisitions in IT-strategische Planungen zwei gegensätzliche Meinungspositionen ausmachen.

In einigen Publikationen (Horton 1989, S. 72) wird die Entwicklung bzw. Neuausrichtung einer gemeinsamen IT-Strategie als ein entscheidender Erfolgsfaktor der IT-Integration angesehen. Vor diesem Hintergrund empfehlen einige Autoren, die interne Erbringung von IT-Leistungen kritisch zu hinterfragen (Holzwart 2000, S. 56; Kapitel 2.1.3.1, Transaktionskostentheorie), so dass Mergers & Acquisitions als Ausgangspunkt für Outsourcingaktivitäten dienen können (Hesselink 1999, S. 66).

Andere Autoren (Buhl 1999, S. 163) sehen Integrationsprojekte grundsätzlich nicht als Teil von Strategieprojekten an. Die Vertreter dieses Ansatzes begründen dies in der Notwendigkeit einer schnellen Abwicklung der Integration (Kromer 2001, S. 59). Eine generelle schnelle Abwicklung von Integrationsmaßnahmen birgt jedoch die Gefahr, dass vorschnelle Entscheidungen mit langfristigen negativen Auswirkungen getroffen werden. Die in dem Beitrag von COURTH ET AL. (2008, S. 13-14) beschriebene Vorgehensweise, während der Bayer-Schering-Übernahme Integrationsaufgaben gemäß ihrer Dringlichkeit und Bedeutung zu differenzieren, erscheint an dieser Stelle eher sinnvoll.

KROMER (2001, S. 59) weist aber auch darauf hin, dass in den untersuchten Publikationen zum Teil höchst unterschiedliche Auffassungen des IT-Strategiebegriffes existieren, sofern er überhaupt näher definiert ist. Demnach sind Gestaltungs-empfehlungen der präskriptiven Literatur zur IT-strategischen Planung nur schwer vergleichbar und nur unter Vorbehalt zu befolgen.

4.1.3 Hard- und Systemsoftware

Einen weiteren zentralen Diskussionspunkt stellt die Frage nach der Verfahrensweise mit unternehmenseigenen Rechenzentren (RZ) dar. Das Kostensenkungspotenzial durch RZ-Konsolidierungen beschreiben viele Autoren (Atkinson 1990, S. 42) als signifikant und oft sogar als das bedeutendste der IT-Integration (Kromer 2001, S. 59-60). Grundsätzlich ist aufgrund einer mehrheitlichen Übereinstimmung für Mergers & Acquisitions eine Zusammenlegung von Rechenzentren zu empfehlen (Kromer 2001, S. 60).

Dezentrale Hardware- und Systemsoftwarekomponenten werden in den präskriptiven Beiträgen jedoch wenig berücksichtigt. KROMER (2001, S. 60-61) identifiziert dennoch zwei konträre Handlungsempfehlungen:

- Einige Autoren (Spinner 1998, S. 58) sehen für die genannten Komponenten keinen unmittelbaren Standardisierungsbedarf und befürworten eine vorläufige Beibehaltung der bisherigen Ressourcenkonfiguration bei gleichzeitiger

Entwicklung von einheitlichen technologischen Standards, die sukzessiv die alten Systeme ersetzen soll.

- Eine Reihe weiterer Beiträge spricht sich für eine unmittelbare Standardisierung der dezentralen Hard- und Systemsoftwaresysteme der Zusammenschlusspartner aus. CHATHAM (1998, S. 64) sieht vor allem die erreichbare Komplexitätsreduktion von Informationssystemarchitekturen als Vorteil einer solchen Verfahrensweise an.

4.1.4 Kommunikations- und Netzwerktechnik

Die Diskussion zur Integration von LANs bzw. WANs nimmt in den untersuchten Beiträgen einen deutlich geringeren Stellenwert als die Konsolidierung der zentralen Hardware ein (Kromer 2001, S. 60). In den wenig thematisierten Fällen schlagen die Autoren die gleiche Verfahrensweise vor, die zur Integration der Hard- und Systemsoftware angewandt wird (Kapitel 4.1.3). Normative Beiträge sprechen sich zudem konform mehrheitlich für eine Konsolidierung der Netzwerke der an Mergers & Acquisitions beteiligten Unternehmen aus (Kromer 2001, S. 60).

4.1.5 Anwendungssysteme

Die Integration der Anwendungssysteme wird in der präskriptiven Literatur sehr intensiv und detailliert betrachtet. In den untersuchten Beiträgen ist aber zu beobachten, dass eine Kategorisierung der Anwendungssysteme nur selten vorgenommen wird und sich Handlungsempfehlungen somit auf die gesamten Anwendungssysteme beziehen (Kromer 2001, S. 61). KROMER (2001, S. 61) identifiziert aus den vielfältigen Anregungen zur Anwendungssystemintegration fünf idealtypische Integrationsgrade: separate Fortführung, Datenaustausch über Middleware[68], Best-of-Breed-Kombination, Selektion der Anwendungssysteme eines Unternehmens und Ablösung durch neue Anwendungssysteme.

---

[68] Unter „Middleware" ist eine „[…] systemnahe Software, die als zusätzliche Schicht zwischen Betriebssystem und Anwendungssoftware gelegt wird […]" zu verstehen (Stahlknecht und Hasenkamp 2005, S. 75). Middleware wird hauptsächlich in heterogenen Netzen eingesetzt, um den Anwendern eine einheitliche Benutzeroberfläche zum Zugriff auf unterschiedliche Software, ohne Berücksichtigung der sich dahinter verbergenden Hardware oder Betriebssystems, zu ermöglichen (Stahlknecht und Hasenkamp 2005, S. 76).

Separate Fortführung

Der Ansatz zur separaten Fortführung bzw. Erhaltung (Kapitel 3.1.2.2) von Anwendungssystemen wird in den präskriptiven Veröffentlichungen hauptsächlich für konglomerate Verbindungen in Erwägung gezogen (Kromer 2001, S. 62). Für horizontale Zusammenschlüsse stellen die Autoren in großer Übereinstimmung die Verknüpfung der Anwendungssysteme als notwendige Voraussetzung zur Realisierung von fachseitigen und IT-bezogenen Synergiepotenzialen dar (Kromer 2001, S. 62). Der Grund liegt hauptsächlich in den zusätzlichen Betriebskosten, die durch parallel betriebene voneinander unabhängige Anwendungssysteme entstehen. Der Verzicht einer Anwendungssystemintegration wird häufig mit einem Verzicht auf die Möglichkeiten des Wertsteigerungspotenzials des Zusammenschlusses gleichgesetzt und steht besonders in der normativen Literatur synonym für eine nicht erfolgreiche Integration (Kromer 2001, S. 62). Weiterhin merken einige Autoren (Hoffman 1998, S. 24) an, dass die separate Fortführung der Anwendungssysteme die Komplexität zukünftiger M&A-Transaktionen erhöhen kann.

Datenaustausch über Middleware

Eine erste Möglichkeit zur Verbindung der Anwendungssysteme der an Mergers & Acquisitions beteiligten Unternehmen kann über den Datenaustausch über Schnittstellensysteme erfolgen. Dies kann zum einen durch die Entwicklung bilateraler Schnittstellen als auch durch den Einsatz von Middleware erfolgen (Kromer 2001, S. 62). Die Schnittstellenvariante wird in der Literatur aber kaum beachtet, so dass zahlreiche Beiträge (Bresnick 1998, S. 42) empfehlen, ehemals unabhängige Anwendungssysteme durch Middleware zu verknüpfen (Kromer 2001, S. 62-63). Trotz der parallelen Weiterführung der bestehenden Anwendungssysteme wird von der Middleware ein hoher Kopplungsgrad erwartet. Diesen Anforderungen kommt die Middleware durch eine Vielzahl von standardisierten und erweiterbaren Schnittstellen zum Datenaustausch nach. So garantiert dieser Lösungsansatz zum einen Unabhängigkeit von Hard- und Softwarekomponenten und zum anderen die Akzeptanz der IT-Mitarbeiter und Endanwender (Kromer 2001, S. 63). Laut KROMER (2001, S. 63) sehen einige Autoren „[…] Middleware gar als systemtechnisch adäquate Antwort auf durch Mergers & Acquisitions gestiegene Fungibilitätsanforderungen der unternehmerischen Praxis und begründen ihre optimistischen Wachstumsprognosen für den Middleware-Markt explizit mit der zunehmenden Anzahl von Mergers & Acquisitions."

Best-of-Breed-Kombination

In einem paarweisen Vergleich werden die jeweils besten Anwendungssysteme der Zusammenschlusspartner identifiziert und funktional in eine neue Systemarchitektur maximal integriert. Der Nutzen dieser Vorgehensweise wird in der normativen Literatur dennoch sehr differenziert beurteilt:

- Einige Autoren (Debus 1998, S. 38) sehen in der Best-of-Breed-Kombination die Vorteile, dass eine hohe fachliche Abdeckung bei der Anwendungssystemauswahl erfolgt sowie eine entsprechend hohe Akzeptanz von IT-Mitarbeitern und Endanwendern eintritt (Kromer 2001, S. 63).

- Andere Autoren (Chatham 1998, S. 62-63) führen als größten Nachteil die mit der Unternehmensgröße wachsende Komplexität der Best-of-Breed-Kombinationen an (Kromer 2001, S. 63-64). Einzelne Autoren vermuten sogar, dass im Vergleich zur Selektion der Anwendungssysteme eines Unternehmens mit bis zu 60 % höheren Einmal-kosten sowie mit einer Verdopplung der Integrationslaufzeit zu rechnen ist. Dementsprechend kommen viele Autoren zu dem Schluss, dass die Best-of-Breed-Vorgehensweise für Mergers & Acquisitions kein geeignetes Mittel zur Anwendungssystemintegration darstellt (Kromer 2001, S. 64).

Selektion der Anwendungssysteme eines Unternehmens

KROMER (2001, S. 64-65) identifiziert in den präskriptiven Beiträgen die Selektion eines Anwendungssystems als am häufigsten genannten Gestaltungsvorschlag zur Anwendungssystemintegration bei Mergers & Acquisitions. Damit verbunden ist eine vollkommene Ersetzung der Anwendungssystemarchitektur der beteiligten Unternehmen durch die eines anderen Zusammenschlusspartners. Als vorteilhaft sehen einige Autoren (Müller 1999, S. 60) den vergleichsweisen geringen Zeit- und Ressourcenbedarf, ein begrenztes Risiko der Implementierung sowie die mögliche Reduzierung der Betriebskosten und des zur Weiterentwicklung des Systems notwendigen Know-hows (Kromer 2001, S. 64). Allerdings sehen Kritiker dieses Ansatzes Probleme hinsichtlich der Akzeptanz des neuen Anwendungssystems bei

IT-Verantwortlichen und Endanwendern. Außerdem kann eine vollkommene Ablösung eines Anwendungssystems bei vielen Zusammenschlüssen aus sachlichen Gründen kaum möglich sein, da eventuelle gesetzliche Auflagen oder komplementäre Produkte und Dienstleistungen eine Übernahme in die Zielarchitektur erfordern (Kromer 2001, S. 65).

Ablösung durch neue Anwendungssysteme

Eine weitere Möglichkeit zur Integration der Anwendungssysteme besteht durch die Ablösung der vorhandenen Architekturen durch eine neue. Auch hier stellt KROMER (2001, S. 65-66) zwei gegensätzliche Vorgehensempfehlungen fest:

- Einige Beiträge (Bartholomew 1998, S. 37) empfehlen, Mergers & Acquisitions als Ausgangspunkt zu einer umfassenden Neuausrichtung und Restrukturierung der Geschäftsprozesse auf der Grundlage einer neu strukturierten Softwarearchitektur zu nutzen. Fachliche und systemtechnische Anforderungen können auf diesem Weg bestmöglich abgedeckt werden, so dass diese Vorgehensweise allgemein bei IT-Mitarbeitern und Endanwendern hohe Akzeptanz genießt.

- Eine Vielzahl von Autoren (Müller 1999, S. 60) warnt aber vor dem Risiko, das durch den enormen Aufwand an finanziellen und personellen Ressourcen zur Aufsetzung einer neuen Anwendungssystemarchitektur entsteht. Insbesondere Befürworter zügiger Integrationen raten von einer Neuimplementierung ab, da durch die Planung, Programmierung und Schulung aller Anwender zu viel Zeit verloren geht.

Die in den untersuchten Beiträgen diskutierten Vor- und Nachteile der dargestellten Ansätze zur Anwendungssystemintegration fasst KROMER (2001, S. 67) tabellarisch zusammen (Tabelle 5):

Tabelle 5 Rezeption alternativer Ansätze der Anwendungssystemintegration in der präskriptiven Literatur

Integrations-ansatz	Vorteile	Nachteile
Separate Fortführung	• nicht diskutiert	• Verzicht auf fachseitige Synergiepotenziale • erhöhte Betriebskosten durch parallel zu unterstützende AWS • erhöhte Komplexität in zukünftigen M&A
Middleware	• softwaretechnische Flexibilität • hohe Akzeptanz in Fach- und IV-Bereichen	• nicht diskutiert
Best-of-Breed	• optimale Abdeckung fachlicher Anforderungen • hohe Akzeptanz in Fach- und IV-Bereichen	• hoher Zeit- und Ressourcenbedarf der Implementierung • erhöhtes Projektrisiko
Selektion	• geringer Zeit- und Ressourcenbedarf der Implementierung • begrenztes Projektrisiko • geringe Betriebskosten durch Standardisierung	• begrenzte Akzeptanz in Fach- und IV-Bereichen • begrenzte Abdeckung fachlicher Anforderungen • Verlust von IV-Mitarbeitern der abzulösenden AWS
Ablösung	• optimale Abdeckung fachlicher Anforderungen • optimale AWS-Architektur • hohe Akzeptanz in Fach und IV-Bereichen	• hoher Zeit- und Ressourcenbedarf der Implementierung • hoher Schulungsaufwand • erhöhtes Projektrisiko

Quelle: In Anlehnung an KROMER (2001, S. 67)

Neben der Betrachtung der dargestellten Bereiche zur Anwendungssystemintegration stellt KROMER (2001, S. 68) fest, dass einige Autoren auch situative Kontextfaktoren erörtern, die den Erfolg einer Integration beeinflussen. Als zentrale Betrachtungs-gegenstände nennt er die beiden folgenden Faktoren:

- *Bindungsrichtung der Transaktion*: Die untersuchten Beiträge machen mehrheitlich deutlich, dass je ähnlicher die Produkt-Markt-Segmente der an einem Unternehmenszusammenschluss beteiligten Unternehmen sind, desto höher ist der empfohlene Integrationsgrad. Deshalb empfehlen Autoren von präskriptiven Publikationen für horizontale Unternehmensverbindungen in der Regel eine vollständige Standardisierung der Anwendungssysteme.

- *Größenverhältnis der Transaktionspartner*: Der Größenunterschied zwischen den Transaktionspartnern ist ein wesentlicher Einflussfaktor der Anwendungssystemintegration durch Selektion. In der analysierten Literatur entdeckte KROMER (2001, S. 68), dass die Autoren im Falle signifikanter Größenunterschiede zwischen den Zusammenschlusspartnern die vollständige Übernahme der Systemarchitektur eines größeren Unternehmens für die kleineren empfehlen. Erst im Falle etwa gleich großer Partner ist es in der Regel sinnvoll, einen Evaluierungs- und Auswahlprozess der existierenden Anwendungssysteme zu initiieren.

4.1.6 Organisation und Management

KROMER (2001, S. 69) weist ausdrücklich darauf hin, dass die Integration der Organisation und des Managements in der präskriptiven Literatur im Rahmen einer umfassenden IT-Integration bei Mergers & Acquisitions eine eher untergeordnete Rolle spielt. Wenn eine diesbezügliche Empfehlung ausgesprochen wird, so tendiert diese meistens zu einer vollständigen Verschmelzung der IT-Organisationen. Als Vorteile einer vollständigen organisatorischen Integration identifizieren die Autoren die Ausschöpfung IT-bezogener Synergiepotenziale sowie die Vermeidung der organisatorischen Komplexität bei der Fortführung paralleler Strukturen (Kromer 2001, S. 69). Besonders in neueren Beiträgen wird die Schaffung von klaren und eindeutigen Hierarchiestrukturen diskutiert und gefordert, um schon frühzeitig auf eine harmonierende Kommunikationsinfrastruktur zugreifen zu können (Farhadi und Tovstiga 2008). Hinsichtlich der Prozesse, Verfahren und Strukturen sind sich viele Autoren einig, dass bei signifikanten Größenunterschieden der Zusammenschlusspartner diejenigen des größeren Unternehmens übernommen werden sollten (Kromer 2001, S. 69). Eine eher uneinheitliche Meinung identifiziert KROMER (2001, S. 69-70) beim Thema der Veränderung des Personalbestandes. Während viele Praktiker dieses Thema meiden, kommen die Untersuchungen von CHATHAM ET AL. (1997) und ECKHOUSE (1998) zu gegensätzlichen Ergebnissen. Erstgenannte berichten, dass in 34 % der beobachteten Fälle ein Abbau des IT-Personals zu verzeichnen war, wobei letzterer von einer Zunahme des IT-Personals von ebenfalls 34 % ausgeht. Inwieweit diese beiden Studien jedoch zwischen personellen Synergieeffekten und effektiven Rationalisierungsmaßnahmen differenzieren, bleibt unklar.

Darüberhinaus können weitere Probleme dargestellt werden, die sich unter den folgenden zwei Themenbereichen subsumieren lassen.

4.1.6.1 Strategische Abstimmung als Problem der Integrationsgestaltung

In Anlehnung an das vorgestellte „Strategic Alignment Model" (Kapitel 2.2.4) betonen viele präskriptive Beiträge die Notwendigkeit der IT-Integration bezogenen Abstimmung mit den ökonomischen Motiven einer Transaktion (Courth et al. 2008, S. 14). Denn ohne ein fundiertes Verständnis der ökonomischen Ziele einer Transaktion können auch die Fragestellungen der IT-Integration nur unzureichend geklärt werden. Die frühe Einbindung der IT-Funktion stellt somit einen wesentlichen Erfolgsfaktor für die Gesamttransaktion dar (Kromer 2001, S. 70).

4.1.6.2 Zeitdauer als Problem der Integrationsgestaltung

Viele praxisnahe Beiträge der M&A-Literatur setzen sich mit der zeitlichen Gestaltung des Integrationsprozesses auseinander (Kromer 2001, S. 73). Die häufigsten Empfehlungen zielen auf einen Integrationsbeginn direkt nach Transaktionsvollzug und eine schnelle Durchführung ab (PricewaterhouseCoopers 2002). Viele Autoren sehen einen direkten Zusammenhang zwischen dem Erfolg einer M&A-Transaktion und der Integrationsgeschwindigkeit (Feldman und Spratt 2000; PricewaterhouseCoopers 2000). KROMER (2001, S. 73) identifiziert zwei wesentliche Argumente für eine solche Vorgehensweise. Zum einen kann eine schnelle Herstellung klarer Führungsverhältnisse die aufkommende Unsicherheit unter den IT-Mitarbeitern minimieren. Zum anderen muss die starke Innenfokussierung des Unternehmens während des Integrationsprozesses möglichst zügig abgelegt werden, um die wettbewerbstechnische IT-Kompetenz nicht zu verlieren.

4.1.7 Zusammenfassende Bemerkung zur IT-Integration in der präskriptiven Literatur

Die Publikationen der präskriptiven Literatur liefern einen wichtigen Beitrag zum Verständnis der IT-Integration bei Mergers & Acquisitions. Für viele Leser dürfte die Darstellung anhand von Erfahrungsberichten und praxisnahen Beispielen eine interessante Abwechslung zur teils abstrakten Methodik wissenschaftlicher Ausführungen sein. Dennoch bieten präskriptive Veröffentlichungen regelmäßig Anlass zu inhaltlicher und methodischer Kritik. KROMER (2001, S. 75-78) konzentriert sich auf fünf hauptsächliche Punkte, die hier stichpunktartig aufgeführt werden:

- Fehlendes empirisches Fundament,
- unzureichende situative Relativierung,
- fehlende Erfolgskonzeption,
- ungenügende inhaltliche Breite und Tiefe sowie
- Widersprüchlichkeit.

Trotz dieser weitgehenden Kritik werden präskriptive Beiträge im Rahmen der vorliegenden Arbeit weiterverwendet, da sie praxisnahe Beispiele zur IT-Integration darstellen, die auch Implikationen für die wissenschaftliche Theorie bereithalten. Letztgenannte wird im anschließenden Kapitel im Bezug zur IT-Integration bei Mergers & Acquisitions fokussiert.

4.2 Empirische Forschung und wissenschaftliche Literatur zur IT-Integration bei Mergers & Acquisitions

Seit Ende der 1990er Jahre ist die IT-Integration ein viel diskutiertes Thema in präskriptiven Beiträgen der M&A-Forschung. KROMER (2001, S. 78) bemängelt jedoch das Fehlen von empirisch fundierten und wissenschaftlichen Anforderungen genügenden Untersuchungen. Nach wie vor wird der Integration der Informationstechnologie nur eine nachgeordnete Rolle bei Unternehmenszusammen-schlüssen eingeräumt. Selbst in neueren Untersuchungen der M&A-Forschung wird die Fragestellung zur Einbindung von IT-Ressourcen oft gar nicht thematisiert; exemplarisch sei hier auf JANSEN ET AL. (2004) verwiesen. Eine Ursache könnte in der veralteten Wahrnehmung der Informationstechnologie als reinen Kostenfaktor und Rationalisierungsinstrumentarium liegen (Kapitel 2.2.1). Dagegen ist der Bestand an themenrelevanter Literatur der Wirtschaftsinformatik stetig angestiegen. KROMER (2001, S. 79) bezieht sich in einem Vergleich auf zwölf englischsprachige Studien,[69] denen neun separate empirische Erhebungen zu Grunde liegen. Dem Nutzen von

---

[69] KROMER (2001, 79) bezieht sich ausschließlich auf englischsprachige Quellen, da deutschsprachige Studien zum Thema schlichtweg nicht auffindbar waren.

empirischen Forschungsarbeiten bezüglich der IT-Integration bei Mergers & Acquisitions steht RENTROP (2004, S. 7-9) wiederrum kritisch gegenüber. Unter den Annahmen, dass eine vollständige IT-Integration bis zu fünf Jahre andauern kann und sich die IT-Entwicklung in dem bisherigen Tempo weitervollzieht, sind die Aussagen aus diesen Untersuchungen für zukünftige Unternehmenszusammenschlüsse nur unter Vorbehalt für zukünftige M&A-Transaktionen aussagekräftig. Die Betrachtung der Kernaussagen der Studie von KROMER (2001, S. 82-90) stellt somit nur eine Zeitpunktanalyse und Basis zur Weiterentwicklung des IT-Integrationsprozesses dar und keine aktuelle Gestaltungsempfehlung.

4.2.1 Kritische Würdigung der Konzeptionen und Ergebnisse empirischer Forschung

Eine detaillierte Zusammenstellung der von KROMER (2001, S. 82-90) untersuchten Studien findet aus zuvor genannten Gründen (Kapitel 4.2) in dieser Arbeit nicht statt. Seine Untersuchungen liefern aber eine nicht zu vernachlässigende Basis für weitere Forschungsarbeiten auf diesem Gebiet, weshalb sie in Anhang I zur Verfügung stehen. Im weiteren Verlauf wird auf die Vor- und Nachteile der von KROMER (2001, S. 91-101) durchgeführten Analyse empirischer Untersuchungen eingegangen.

So identifiziert KROMER (2001, S. 91-101) selbst erhebliche methodische und inhaltliche Defizite der untersuchten empirischen Arbeiten:

Beschränktes empirisches Fundament

KROMER (2001, S. 91) kritisiert, dass viele der vorhandenen wissenschaftlichen Beiträge zur IT-Integration bei Mergers & Acquisitions erheblichen Generalisierungsbeschränkungen aufgrund des Fehlens eines soliden empirischen Fundamentes unterliegen. Für die Zukunft bedarf es mehr Untersuchungen, die auf einem größeren Querschnitt von Unternehmen basieren.

Unzulängliche Erfolgskonzeption

Die Mehrzahl der von KROMER (2001, S. 93) untersuchten Studien suggeriert zwar einen Erfolg der IT-Integration, doch lassen sie eine arbeitsspezifische Konzeption des Terms „Erfolg" und der relevanten Erfolgsfaktoren oft vermissen. Einige Autoren setzen den Integrationserfolg gleich ihrer Konzeption des strategischen Fits, ohne letzteren tatsächlich zu messen. Andere Studien erkennen im ökonomischen Erfolg einer Transaktion eine gelungene IT-Integration, vernachlässigen jedoch, dass die IT-Integration weder den einzigen noch den dominierenden Bestimmungsfaktor des M&A-Erfolges ausmacht. Weitere Studien sollten demnach auf einer mehrdimensionalen Konzeption des IT-Integrationserfolges basieren (Kromer 2001, S. 94).

Unzureichende Ressourcenorientierung

Die in der vorliegenden Arbeit beschriebene Ressourcenorientierung im IT-Integrationsprozess findet in vielen Studien nicht statt (Kromer 2001, S. 94). Viele Autoren behandeln die Informationstechnologie in ihrer Gesamtheit und geben darauf basierend Gestaltungsvorschläge zur IT-Integration. Den Autoren kann somit ein mangelndes Verständnis darüber vorgeworfen werden, dass erst die veränderte Nutzung bzw. der Transfer von Ressourcen Synergiepotenziale freisetzt (Kapitel 3.1.2.2). Neue Untersuchungen sollten demnach auf einer differenzierten IT-Ressourcenkonzeption basieren, um Erfolgswirkungen spezifisch ableiten zu können.

Widersprüche bezüglich der Integrationsprozessgestaltung

Die empirischen Untersuchungen geben ein widersprüchliches Bild bezüglich der Einbindung und Auswirkung der IT-Funktion in frühen Transaktionsphasen ab. Weiterhin sind sich die Autoren uneins, inwieweit Mergers & Acquisitions IT-strategische Planungen bedürfen. So konnte KROMER (2001, S. 95-96) nur einen wissenschaftlichen Beitrag identifizieren, der einen negativen Zusammenhang zwischen der Zeitdauer des IT-Integrationsprozesses und dem ökonomischen Erfolg der M&A-Transaktion ermittelte.

Hohe Diversität innerhalb der betrachteten Stichproben

Viele der betrachteten Untersuchungen veranschaulichen ihre Ergebnisse ohne Beachtung der Bindungsrichtung der M&A-Transaktionen. Grundlegende Fragestellungen zur IT-Integration sind aber besonders bei horizontalen Unternehmenszusammenschlüssen, die auf verbindungsbezogene güterwirtschaftliche Wertschöpfungspotenziale abzielen, zu erwarten (Kromer 2001, S. 96).

Vernachlässigung spartenspezifischer Ansätze der IT-Integration

Empirische Untersuchungen vernachlässigen oftmals die Diversität der zusammenschließenden IT-Bereiche. Sie beziehen ihre Aussagen zur IT-Integration auf gesamte homogene IT-Systeme ohne dabei den situativen Kontext angepasste Integrationskonzepte zu entwickeln oder den Zustand der Ressourcenverflechtung zu beachten. Weitere Forschungsarbeiten müssen sich demnach auf kleinere Sparten bei der IT-Integration konzentrieren oder Instrumente entwickeln, welche die Mehrdimensionalität der IT-Integration korrekt abbildet (Kromer 2001, S. 97-98).

Geringe Aktualität der Stichprobe

RENTROP (2004, S. 7-9) merkte bereits an, dass empirische Untersuchungen zu Mergers & Acquisitions zu oft auf zeitlich weit zurückliegenden Unternehmenszusammenschlüssen basieren (Kapitel 4.2). Folglich bedarf es mehr empirischer Erhebungen, die aktuelle Lösungsansätze der IT-Integration anhand aktueller M&A-Transaktionen skizzieren.

Angelsächsisch dominierte Stichproben

Die untersuchten Beiträge von KROMER (2001) basierten bis auf eine Ausnahme auf Analysen angelsächsischer Unternehmenszusammenschlüsse. Die dort gelebte Kultur und Identität mit der Informationstechnologie kann aber nicht gleichermaßen auf den deutschsprachigen Raum übertragen werden. Folglich sind Studien im deutschsprachigen Raum wünschenswert, da diese eher Hilfestellungen in Fragen zur IT-Integration liefern können.

4.2.2 Bemerkung zur weiteren wissenschaftlichen Literatur

Es haben sich weitere Autoren mit dem Thema der IT-Integrationsgestaltung bei Mergers & Acquisitions in ihren Publikationen wissenschaftlich beschäftigt.[70] Exemplarisch sei an dieser Stelle auf die Veröffentlichungen von KROMER (2001), ROBERT (2002), RENTROP (2004), VIELBA und VIELBA (2006) und SPERLING (2007) verwiesen. Während erstgenannter eine eigene empirische Querschnittsuntersuchung zugrundeliegt, die als primäres Anliegen die Praxis der Verflechtung von IT-Ressourcen

---

[70] Das Auswahlkriterium der Literatur ist, dass die Informationstechnologie im Integrationsprozess eine den anderen Ressourcen mindestens gleichwertige Stellung einnimmt.

und die Gestaltung des Integrationsprozesses zu erfassen versucht, konzentrieren sich die Ausführungen von ROBERT (2002) auf eine M&A-Fallstudie und die Arbeiten von RENTROP (2004), VIELBA und VIELBA (2006) sowie SPERLING (2007) auf die Entwicklung eines Rahmenkonzeptes zur IT-Integration innerhalb einer theoretischen Analyse. Eine genaue Gegenüberstellung, Abgrenzung und Systematisierung dieser und weiterer Integrationsansätze würde den Rahmen der vorliegenden Arbeit sicherlich sprengen. Für das folgende Kapitel werden deshalb Gestaltungsaspekte verschiedener Autoren herangezogen, um abschließend anhand eines Lösungsansatzes den IT-Integrationsprozess bei Mergers & Acquisitions zu skizzieren.

5 Systematische IT-Integration bei M&A-Transaktionen

Der IT-Integrationsprozess bei Mergers & Acquisitions wird im Folgenden auf einer abstrakten Ebene vorgestellt, wobei aus Gründen der Übersichtlichkeit und der realitätsnahen Praxis der Zusammenschluss von zwei Organisationen im Vordergrund steht. Im ersten Schritt erfolgt eine allgemeine Beschreibung des Integrationsprozesses, (Kapitel 5.1) worauf aufbauend die Ziele diskutiert werden (Kapitel 5.2). Anschließend werden die Vorgehensmodell zur IT-Integration bei Mergers & Acquisitions von VIELBA und VIELBA (2006, S. 113) und RENTROP (2004, S. 72) kurz vorgestellt (Kapitel 5.3). Erstgenanntes liefert in den folgenden Unterkapiteln den konzeptionellen Rahmen, um eine systematische Vorgehensweise zur IT-Integration bei Mergers & Acquisitions aufzuzeigen.

5.1 Ausgangssituation

Gemäß dem in Kapitel 2.2.4 bzw. 2.2.4.1 vorgestellten *„Strategic Alignment Model"* kann davon ausgegangen werden, dass zum Zeitpunkt des Zusammenschlusses zwei Organisationen existieren, die über eine eigenständige Unternehmensstrategie und –struktur sowie IT-Strategie und –infrastruktur verfügen. Dem in Kapitel 3.1.3 erarbeiteten Integrationsverständnis zufolge gilt es nun, innerhalb eines Prozesses die IT-Ressourcen durch Transfer oder veränderte Nutzung im Hinblick auf die Ausschöpfung von Synergiepotenzialen optimal zu verknüpfen. Der Integrationsprozess lässt sich in Anlehnung an RENTROP (2004, S. 51) in Bild 13 darstellen.

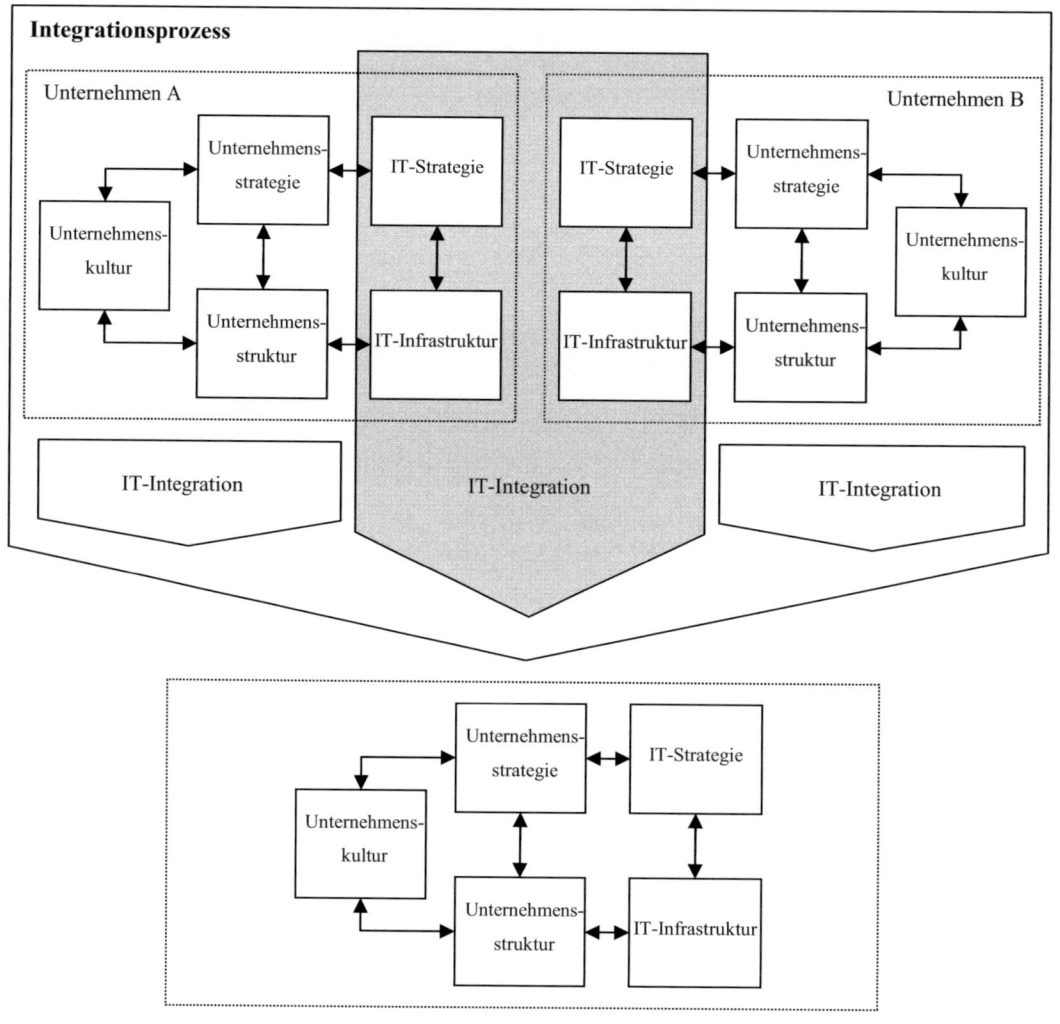

Bild 13 Modell des IT-Integrationsprozesses
Quelle: In Anlehnung an RENTROP (2004, S. 51)

5.2 Zielformulierung

Zur störungsfreien Kommunikation und eindeutigen Durchführung dieser Maßnahmen ist die Entwicklung eines Zielsystems und die Ausrichtung der IT-Integration ein wesentlicher Erfolgsfaktor. SEIDENSCHWARZ (2006a, S. 31) sieht die Formulierung einer M&A-Prozessstrategie als Ausgangspunkt für eine erfolgreiche Durchführung der Unternehmenstransaktion. Dennoch entdeckt RENTROP (2004, S. 52-53) in einem Vergleich einschlägiger Literatur „[…] in überwiegendem Maße keine systematische Auseinandersetzung mit den Zielen der IS-Integration […]". KROMER und STUCKY (2001, S. 20-22) hingegen entwickelten einen Zielkatalog, der explizite Zielsetzungen der IT-Integration im Sinne der Ergebnisorientierung und des Prozessverständnisses bereithält.[71] Das Zielsystem der beiden Autoren ist in Tabelle 6 dargestellt.

Tabelle 6 Ziele der Informatik in der Post-Merger Phase

Zielsetzungen der IT-Integration	Zielsetzungen des IT-Integrationsprozesses
1. Strategisches Alignment	1. Aufwandsminimierung
2. Strategischer Impact	2. Schnelligkeit
3. Operative Unterstützung des integrierten Geschäfts	3. Risikovermeidung
	4. Aufrechterhaltung von Service-Levels
4. Senkung laufender IV-Kosten	5. Zeitliche Abstimmung mit dem Gesamtintegrationsprozess
5. Funktionalitätsabdeckung	
6. Benutzerfreundlichkeit	6. Vermeidung der Zunahme von Anforderungsbacklogs
7. System- und softwaretechnische Qualität	7. Bindung von Know-how-Trägern
8. Datenqualität	8. Kulturelle Integration

Quelle: In Anlehnung an KROMER und STUCKY (2001, S. 20-22)

Diese Aufführung bietet aber auch Anlass zu einiger inhaltlicher Kritik. Für die IT-Integration sind die Ziele „Strategisches Alignment" und „Strategischer Impact" nicht überschneidungsfrei sowie die „Senkung laufender IV-Kosten" von sonstigen Rationalisierungsmaßnahmen nicht genau abgegrenzt. Weiter können „Funktionalitätsabdeckung", „Benutzerfreundlichkeit" und „System- und softwaretechnische Qualität" auch als allgemeine Ziele der Software- und Systementwicklung angesehen werden. Die Zielsetzung der „Schnelligkeit" innerhalb des IT-Integrationsprozesses stellt bisweilen ein kontrovers diskutiertes Thema innerhalb der M&A-Forschung dar und ist sicherlich für eine erwünschte „Risikovermeidung" nicht immer die richtige Handlungsalternative.

Für eine systematische IT-Integration bei Mergers & Acquisitions muss also zunächst ein umfassendes Zielsystem entwickelt werden, das die erwünschten Qualitätsanforderungen an den Integrationsprozess und -zustand detailliert darstellt. Im Folgenden wird die Gestaltung eines Zielsystems zur IT-Integration in Anlehnung an die Konzeption von HEINRICH (1999, S. 21-25) vorgenommen. Die von ihm grundlegend unterschiedenen Sach- und Formalziele dienen zusammen mit den

---

[71] Das Zielsystem nach KROMER und STUCKY (2001) beruht auf einer repräsentativen Umfrage von 20 Unternehmen, wobei weder Auskunft über den Erhebungszeitraum noch über weitere Umfeldfaktoren gegeben wird.

Ausführungen von RENTROP (2004, S. 55-67) und SPERLING (2007, S. 62-64) dazu, ein Zielsystem für die IT-Integration zu entwickeln.

5.2.1 Sachziele

Ausgehend von dem grundlegenden Sachziel, der Wahrnehmung der Informationsfunktion für den Integrationsprozess (Vielba und Vielba 2006, S. 109), lassen sich zwei weitere Ziele ableiten: Zum einen erfordert der Zusammenschluss zweier Unternehmen gemäß dem „Strategic Alignment Model" eine neue strategische Abstimmung von Organisation und Informatik. Zum anderen ist der Integrationsprozess selbst auf die Unterstützung der Informatik angewiesen (Rentrop 2004, S. 55-56).

5.2.1.1 Strategische Abstimmung von Organisation und Informatik

Für einen nachhaltigen Unternehmenserfolg sind nach dem „Strategic Alignment Model" Organisation und Informationstechnologie aufeinander abzustimmen (Kapitel 2.4.1.1). Durch den stattfindenden Zusammenschluss bedarf es einer Neuausrichtung, da der ursprüngliche strategische Fit zwischen den einzelnen Bereichen nicht mehr gegeben ist. RENTROP (2004, S. 56-60) identifiziert drei Unterziele, die im Zusammenhang mit den Alignment-Perspektiven bei der strategischen Ausrichtung beachtet werden müssen.

Anpassung an die Veränderung des Geschäftsumfeldes

Unternehmenszusammenschlüsse ergeben je nach Form und Ausprägung eine mehr oder minder umfassende Veränderung der ursprünglichen Geschäftsdomäne. Zur Erreichung gesetzter strategischer Ziele werden Geschäftsprozesse und Führungskonzepte ausgiebig analysiert und gegebenenfalls umstrukturiert. Die Veränderung der Organisation hat dabei direkten Einfluss auf das IT-System der Unternehmen. Da die vormals existierenden IT-Systeme auf die Unterstützung alleinstehender Organisationen ausgerichtet waren, können sie die Informationsfunktion für die zusammengeschlossenen Unternehmen ohne Anpassung nicht vollständig erbringen. Die technische Integration der IT-Infrastrukturen dient in einem ersten Schritt dazu, den Informationsfluss zwischen den Organisationen zu sichern. Die Verknüpfung und Neuausrichtung der Anwendungssysteme anhand der Unternehmensstrategie stellt in diesem Kontext die wohl größte Herausforderung dar. In diesem Kontext sind insbesondere die Alignment-Perspektiven zu berücksichtigen, die ihren Ursprung in der Unternehmensstrategie und –infrastruktur haben: „Strategy Execution" und „Technology Potential" (Kapitel 2.2.4.1).

Nutzung IT-induzierter Synergien im Geschäftsumfeld

Je nach gewähltem Integrationsgrad und der dementsprechenden Anpassung der IT-Infrastruktur besteht die Möglichkeit, dass materielle und personelle Ressourcen freigesetzt werden. Der Transfer von IT-spezifischen Fähigkeiten zwischen den Organisationen erhöht außerdem die Kompetenz im IT-Bereich. Es entsteht somit ein erhöhtes informationstechnisches Gestaltungspotenzial, das aktiv in die Ausarbeitung von Prozessen und Strategien integriert werden sollte (Sperling 2007, S. 63). Das „Strategic Alignment Model" bietet in diesem Rahmen durch die Perspektive des „Competitive Potential" eine geeignete Betrachtungsweise (Kapitel 2.2.4.1).

Hebung von Synergien im IT-Bereich

Eine neue IT-Infrastruktur kann durch eine Vielzahl an Standards, Standorten und Programmiersprachen gekennzeichnet sein. Dadurch ist das Integrationsziel der Ausschöpfung von transaktionsbezogenen Synergieeffekten noch nicht vollständig erreicht, da z. B. die Vereinheitlichung der Programmiersprachen Synergiepotenzial beinhaltet (Rigall und Hornke 2007, S. 496). Ein kontinuierlicher Optimierungsprozess ist notwendig, um auch neue Informationstechnologien nutz- und letztendlich gewinnbringend im Einklang mit der Unternehmensstrategie einzusetzen. Dieses Vorgehen spiegelt sich ebenfalls in der Alignment-Perspektive „Service Level" wieder (Kapitel 2.2.4.1).

5.2.1.2 IT als unterstützender Faktor der Gesamtintegration

Ein bisher noch nicht diskutierter Punkt ist der Einsatz der Informationstechnologie als unterstützender Faktor für den Gesamtintegrationsprozess. So sind der Transfer strategischer Ressourcen, das Integrationsmanagement sowie die Akkulturation der Organisation auf die Unterstützung durch Informationssysteme angewiesen.

Transfer strategischer Ressourcen

Der Transfer bzw. die veränderte Nutzung von strategischen Ressourcen bilden die Grundlage des Wertschöpfungspotenzials bei Mergers & Acquisitions. Dies betrifft sowohl die Übertragung von organisatorischem Wissen als auch die materieller

Ressourcen. Eine veränderte Nutzung impliziert aber auch gleichzeitig eine veränderte Aufgabenzuordnung bzw. –abwicklung. Im Zuge dieser Maßnahmen muss auch das dazugehörige spezifische Wissen übertragen werden. Erschwert wird der Wissenstransfer dadurch, dass persönliche Beziehungen durch den Unternehmenszusammenschluss aufgelöst werden, so dass diese Möglichkeit zur Wissensweitergabe nur eingeschränkt nutzbar ist. Somit ist eine vorherige Wissensdokumentation zur Aufrechterhaltung des Geschäftsbetriebes unerlässlich. RENTROP (2004, S. 62) sieht in der mangelnden Unterstützung des Wissensmanagements durch Informations- und Kommunikationssysteme eine Gefahr für den gesamten Transaktionserfolg.

Integrationsmanagement

Neben den Maßnahmen zur IT-Integration stellen die Projekte zur Integration des Personals, Rechnungswesens, Marketings etc. weitere Aufgabenbereiche dar. Die informationstechnische Unterstützung des Gesamtintegrationsprojektes stellt eine große Anforderung an das IT-Management dar. Neben der Einrichtung einer geeigneten Projektinfrastruktur muss die Steuerung und Durchführung der einzelnen Integrationsprojekte gewährleistet, Anwendungssysteme zur Entscheidungsfindung betriebsbereit gehalten sowie die Kommunikation zu in- und externen Stakeholdern praktiziert werden. Letztgenannte zählt SPERLING (2007, S. 63) zu den wichtigsten Aufgaben der Integration. Weiter ist RENTROP (2004, S. 62) der Meinung, dass die Koordination innerhalb einzelner Projekte und zwischen Projekten einen wesentlichen Erfolgsfaktor des Integrationsmanagements darstellen.

Akkulturation der Organisation

LETZ (1998, S. 54-55, Hervorh. im Original) erkennt in dem „[…] Erarbeiten von gemeinsamen Vorstellungen, das „Sich-Einig-Werden" über **zentrale** Werte und Spielregeln insbesondere der Führungskultur […]" eine grundlegende Voraussetzung für den erfolgreichen Zusammenschluss von Unternehmen. Weiter sieht er es als außerordentlich wichtig an „[…] mit einer eindeutigen, innerhalb der Führungsmannschaft in einem frühen Stadium abgestimmten, gemeinsam getragenen und verstandenen Vereinbarung über das Selbstverständnis, deren Leitbilder und die dementsprechende Personalpolitik zu starten." In diesem Zusammenhang kann die Informationstechnologie als ein kulturstiftendes Symbol der Integration bei

Organisationen angesehen werden (Grudowski 1995, S. 157). Von beiden Unternehmen gemeinsam durchgeführte IT-Projekte können zum Zusammenwachsen der beiden Organisationen und zur Schaffung einer neuen Corporate Identity beitragen. Auf der anderen Seite kann aber eine einseitige Freisetzung von IT-Ressourcen die gefühlsmäßige Einstellung des IT-Personals negativ beeinflussen.

Zusammenfassend lässt sich festhalten, dass die Unterstützung der Akkulturation weniger auf der Bereitstellung von technischen Ressourcen beruht, als viel mehr auf der Vorgehensweise bei der Ausgestaltung eines neuen IT-Systems der an Mergers & Acquisitions beteiligten Unternehmen (Rentrop 2004, S. 64).

5.2.2 Formalziele

Neben den zuvor beschriebenen Sachzielen, die sich eher auf das Ergebnis der IT-Integration beziehen, bilden die Formalziele einen Rahmen zur Ausgestaltung des IT-Integrationsprozesses. RENTROP (2004, S. 65-67) kategorisiert fünf Ziele als Formalziele.

Verfügbarkeit von Informationen

Die störungsfreie Aufrechterhaltung des normalen Geschäftsbetriebes stellt eines der wichtigsten Ziele der IT-Integration bei Mergers & Acquisitions dar (Kromer 2001, S. 51-52; Sperling 2007, S. 63). Ein kompletter störungsfreier Ablauf ist aber nahezu ausgeschlossen, da während des Integrationsprojektes häufig Änderungen am System notwendig werden. Außerdem ist damit zu rechnen, dass die Aufbau- und Ablauforganisation ständigen optimierungsbedingten Wechseln unterliegt. Informationssysteme müssen demnach flexibel auf dahingehende Veränderungen reagieren können.

Bindung von Schlüsselmitarbeitern

Die Mitarbeiter beider Unternehmen verfügen über umfangreiches spezifisches IT-Know-how, das so gut wie möglich für den Integrationsprozess genutzt werden sollte (Sperling 2007, S. 63). Weiterhin müssen Wissensträger frühzeitig identifiziert werden und mit geeigneten Anreizen dauerhaft an das Unternehmen gebunden werden (Rigall und Hornke 2007, S. 501-502).

Berücksichtigung zeitlicher Erfordernisse

M&A-Transaktionen sind häufig starkem äußerem Druck durch die Medien oder sonstigen Stakeholdern ausgesetzt. Insbesondere können überhastete Aussagen und Versprechen des Top-Managements falsche Erwartungshaltungen schüren.[72] Die verstärkte Innenorientierung während der Integrationsphase vermindert zudem die bisherige Wettbewerbskraft der Unternehmen (Rentrop 2004, S. 66). Die frühzeitige Abgrenzung und Einhaltung eines Zeitrahmens kann somit symbolisch für eine professionelle und gut durchgeführte Integrationsphase stehen.

Schaffung einer geeigneten Arbeitsatmosphäre

Der Transfer von strategischen Fähigkeiten hängt stark von einer entsprechenden Atmosphäre zwischen den Unternehmen ab (Haspeslagh und Jeminson 1991, S. 110-112). Das „Sich-Einig-Werden" über Regeln und Verhalten und die daraus resultierende Bereitschaft zusammenzuarbeiten sieht LETZ (1998, S. 54) als wesentliche Voraussetzung für den Gesamtintegrationserfolg an. In diesem Zusammenhang müssen Interessen von verschiedenen Anspruchsgruppen berücksichtigt und gegeneinander abgewogen werden. Die durchzuführenden Maßnahmen müssen dabei für die Mitarbeiter transparent kommuniziert werden.[73]

Effektive und effiziente Projektgestaltung

Der hohe Kostenanteil der Integration an den M&A-Gesamtkosten erfordert eine wirtschaftliche Gestaltung des Integrationsprozesses (Rentrop 2004, S. 66). Eine Grundlage hierfür kann schon bei der Aufstellung des Integrationsteams geschaffen werden, das entsprechend den anzuwendenden Methoden und Maßnahmen ausgewählt werden muss (Rigall und Hornke 2007, S. 498).

Die vorgestellten Formalziele weisen auf die Relevanz einer frühzeitigen Zielsetzung für den Integrationsprozess hin. Dennoch können keine allgemein gültigen Rückschlüsse über die praktische Bedeutung der Formalziele gezogen werden, da je nach Unternehmenszusammenschluss die gegenseitigen Beziehungen untereinander

---

[72] Jürgen Schrempp, damaliger Vorstandsvorsitzender der Daimler-Benz AG, titulierte die Fusion mit Chrysler (1998) als „Hochzeit im Himmel" und den Beginn der „Welt AG" und zog somit großes Medieninteresse. Die Fusion scheiterte aber aufgrund schwerer strategischer Fehler (Nolde 2007).
[73] BIELENBERG (2006, S. 151-156) beschreibt in seiner Veröffentlichung anhand der Fusion von HP und Compaq, wie eine offene Kommunikation aussehen kann und nennt auch verschiedene Instrumente und Maßnahmen dazu.

beachtet werden müssen (Rentrop 2004, S. 67). Nichtsdestotrotz bieten die vorgestellten Sach- und Formalziele eine Basis für das im anschließenden Abschnitt vorgestellte Vorgehensmodell zur IT-Integration bei Mergers & Acquisitions.

5.3 Vorgehensmodell zur IT-Integration bei Mergers & Acquisitions

Das in Kapitel 5.2 entwickelte Zielsystem zeigt, dass zwei wesentliche Aufgaben zur Gestaltung des IT-Integrationsprozesses zu erfüllen sind (Rentrop 2004, S. 67):

- Die Entwicklung einer neuen IT-Strategie und
- die Schaffung einer technischen Infrastruktur für das Integrationsmanagement sowie den Wissenstransfer.

Zur Bewältigung dieser Aufgaben konnten die Vorgehensmodelle von RENTROP (2004, S. 72) sowie von VIELBA und VIELBA (2006) recherchiert werden, die sich allein auf die Integration der Informationstechnologie konzentrieren und auf Forschungsergebnissen der jüngeren Vergangenheit beruhen.[74] Diese folgen jeweils einer allgemeinen Gliederungslogik basierend auf einer Analyse der bestehenden IT-Systeme bis hin zu einer Neuentwicklung und Abschlussbetrachtung.

VIELBA und VIELBA (2006, S. 109-115) entwickelten ein Vorgehensmodell (Bild 14), das getrennt nach einzelnen Phasen der Integration eine Hilfestellung gibt, welche „Key activities" für den IT-Integrationsprozess durchzuführen sind, um das entwickelte Zielsystem umzusetzen.

---

[74] Die Aktualität des Vorgehensmodells war grundlegendes Kriterium bei der Auswahl. Weiterhin können im Anhang I, bei der Zusammenfassung empirischer Forschungsarbeiten nach KROMER (2001), weitere Ansätze identifiziert werden, die aber größtenteils auf Mergers & Acquisitions von Anfang der 1990er Jahre beruhen. In diesem Zusammenhang schließt sich die vorliegende Arbeit der Kritik von RENTROP (2004, 7-9) bezüglich der eher vorbehaltlichen Verwendung von empirischen Konzeptionen bei M&A-Integrationsvorhaben an.

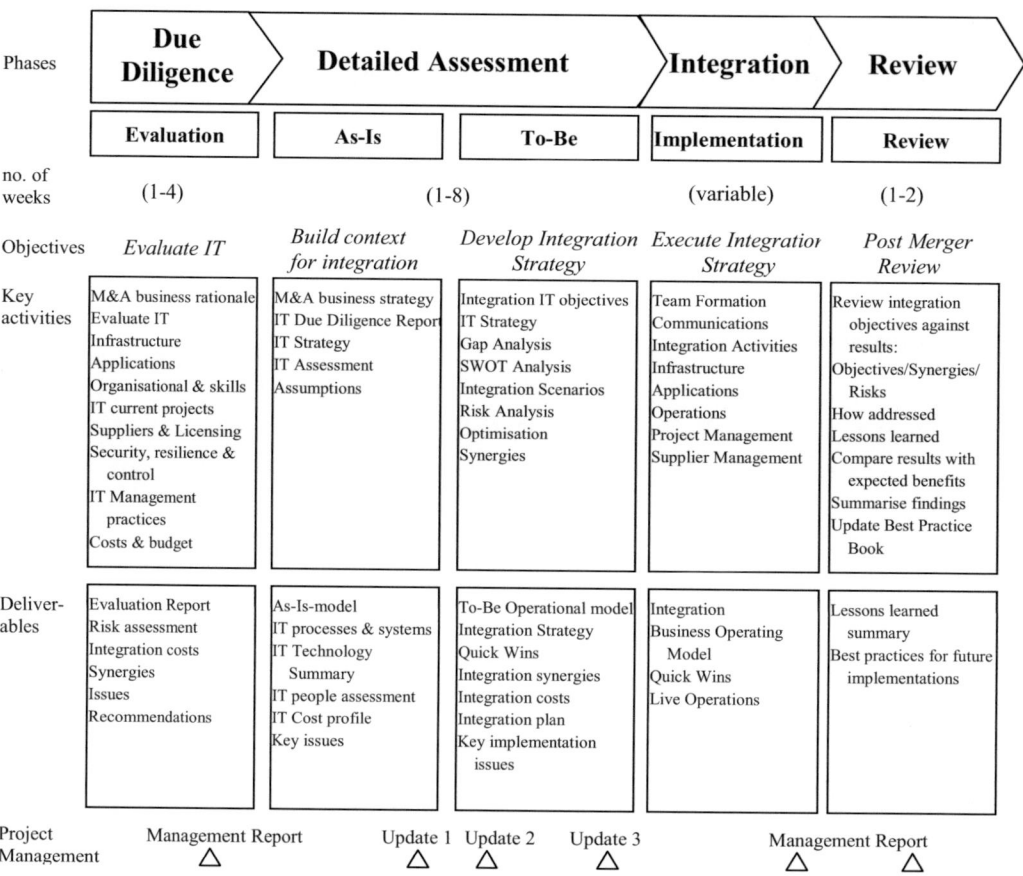

Phases	**Due Diligence**	**Detailed Assessment**		**Integration**	**Review**
	Evaluation	As-Is	To-Be	Implementation	Review
no. of weeks	(1-4)	(1-8)		(variable)	(1-2)
Objectives	*Evaluate IT*	*Build context for integration*	*Develop Integration Strategy*	*Execute Integration Strategy*	*Post Merger Review*
Key activities	M&A business rationale Evaluate IT Infrastructure Applications Organisational & skills IT current projects Suppliers & Licensing Security, resilience & control IT Management practices Costs & budget	M&A business strategy IT Due Diligence Report IT Strategy IT Assessment Assumptions	Integration IT objectives IT Strategy Gap Analysis SWOT Analysis Integration Scenarios Risk Analysis Optimisation Synergies	Team Formation Communications Integration Activities Infrastructure Applications Operations Project Management Supplier Management	Review integration objectives against results: Objectives/Synergies/Risks How addressed Lessons learned Compare results with expected benefits Summarise findings Update Best Practice Book
Deliver-ables	Evaluation Report Risk assessment Integration costs Synergies Issues Recommendations	As-Is-model IT processes & systems IT Technology Summary IT people assessment IT Cost profile Key issues	To-Be Operational model Integration Strategy Quick Wins Integration synergies Integration costs Integration plan Key implementation issues	Integration Business Operating Model Quick Wins Live Operations	Lessons learned summary Best practices for future implementations
Project Management	Management Report △	Update 1 △	Update 2 △	Update 3 △	Management Report △ △

Bild 14 IT-Integration bei M&A nach VIELBA und VIELBA

Quelle: In Anlehnung an VIELBA und VIELBA (2006, S. 113)

Anhand dieses Modells (Bild 14) ist es möglich spezifizierte Aktivitäten einzelnen Phasen zuzuordnen und zu beschreiben.

RENTROP (2004, S. 72) stellt hingegen seine Methode allgemeiner dar (Bild 15), indem er verschiedene Analysebereiche und interdisziplinäre Beziehungen definiert.

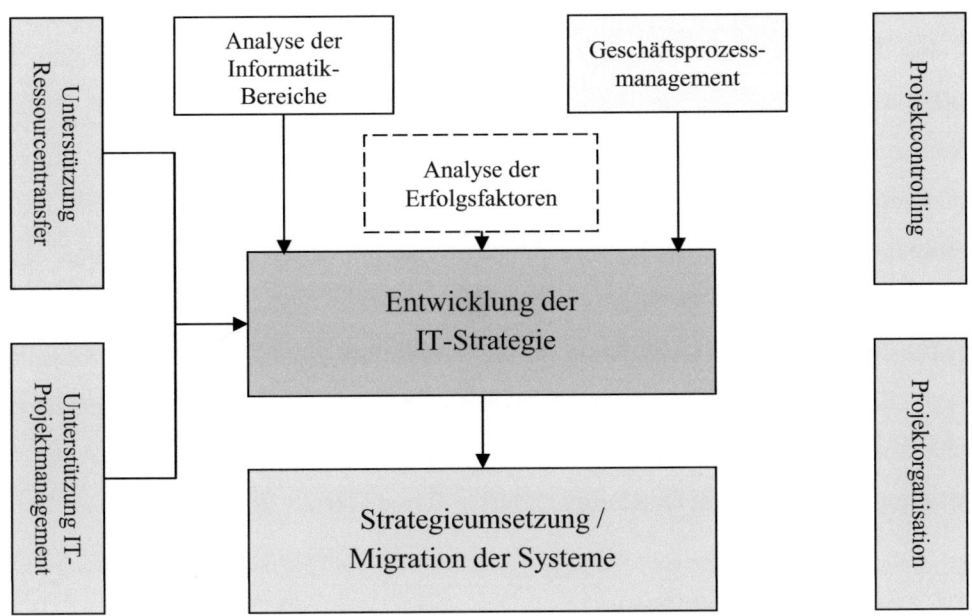

Bild 15 IT-Integration bei M&A nach RENTROP

Quelle: In Anlehnung an Rentrop (2004, S. 72)

Somit legt RENTROP (2004) verschiedene Teilaufgaben fest, die bei einem IT-Integrationsprozess relevant sind, stellt sie aber noch nicht in einen ablauftechnischen Bezug. Anders hingegen VIELBA und VIELBA (2006), die auf dieselben Aspekte aufsetzen, diese aber zu einem logisch aufbauenden Vorgehen zusammenfassen.

Wichtiger als ein detaillierter Vergleich und eine gegenseitige Abgrenzung dieser beiden Methoden ist für die vorliegende Untersuchung die Konzentration auf eine Konzeption zur beispielhaften Vorführung eines IT-Integrationsprozesses bei Mergers & Acquisitions. Die Wahl fällt dabei auf das Modell von VIELBA und VIELBA (2006) (Bild 14), da es einen pragmatischeren Ansatz bietet und gemäß eines prozessorientierten Verständnisses der IT-Integration bereits in einer frühen Phase der M&A-Transaktion ansetzt.[75] Andererseits bieten die Ausführungen von RENTROP (2004) eine detailierte wissenschaftliche Analyse der Integrationsdimensionen, so dass seine Forschungsergebnisse verstärkt mit berücksichtigt werden. Die einzelnen Phasen werden in den folgenden Abschnitten genauer spezifiziert, wobei bedingt durch den Umfang eines M&A-Integrationsprozesses nur auf einzelne Aspekte Bezug genommen werden kann.

---

[75] RENTROP (2004) konzentriert sich in seinen Ausführungen auf die Post Merger Integration.

5.3.1 IT Due Diligence

Die Due Diligence stellt einen zentralen Ausgangspunkt für die Aktivitäten des Integrationsprozesses dar. Sie wird durchgeführt, um im Vorfeld einer Transaktion Risiken und Synergiepotenziale zu identifizieren (Kapitel 2.1.4.3) und kann als eine vorgezogene Ist-Analyse angesehen werden (Rentrop 2004, S. 135). Die Unternehmensberatungsfirma KPMG (2000) weist in ihrer Publikation auf einen steigenden Anteil der IT-bezogenen Synergiepotenziale und die somit zunehmende Relevanz der Informationstechnologie für die Rentabilität von M&A-Transaktionen hin. In Verbindung mit der heutigen zentralen Rolle der Informationstechnologie für den Geschäftsbetrieb bestehen starke Argumente für eine frühzeitige Einbindung der Informationsfunktion in die Due Diligence (Rigall und Hornke 2007, S. 498).

5.3.1.1 Ziele der IT Due Diligence

Übergeordnetes Ziel der IT Due Diligence ist, Kenntnis über das IT-System (Technik, Organisation und Management) des Zusammenschlusspartners zu erlangen. Die Einschätzung der IT-bezogenen Fähigkeiten der Mitarbeiter des M&A-Partners, der möglichen Integrationsprobleme und –kosten sowie die Identifikation von Synergiepotenzialen können sich aber je nach M&A-Form mehr oder weniger schwierig gestalten. Die frühzeitige Identifizierung von technischen, finanziellen sowie personellen Risikofaktoren und die Vorbereitung entsprechender Gegenmaßnahmen stellen demnach einen wesentlichen Erfolgsfaktor der M&A-Transaktion dar. Insgesamt stehen bei einer IT Due Diligence die folgenden Fragen im Vordergrund (Rentrop 2004, S. 135):

- Welchen IT-bezogenen Beitrag leisten beide Unternehmen zur neuen Organisation?
- Welche Ergänzungen und Erweiterungen sind notwendig?
- Welche Überschneidungen und Konflikte ergeben sich aus den unterschiedlichen IT-Systemen?
- Wie sieht der grobe IT-Integrationsplan aus?

Der Fragenkatalog veranschaulicht das überaus komplexe Feld der IT Due Diligence. Bei der Planung erweist es sich deshalb als vorteilhaft auf Vorgehenspläne und Checklisten früher durchgeführter Zusammenschlüsse zurückzugreifen. Falls die

Unternehmen über keine M&A-Erfahrung verfügen, raten VIELBA und VIELBA (2006, S. 117), die Due Diligence von externen Beratern durchführen zu lassen.

5.3.1.2 Aktivitäten in der IT Due Diligence

Unabhängig von einer hausinternen oder externen Durchführungsentscheidung, existieren nach VIELBA und VIELBA (2006, S. 118) beiderseits grundlegende „Key Activities" für die IT Due Diligence (Bild 14). Der Ausgangspunkt muss in diesem Zusammenhang sein, die strategischen Absichten der M&A-Transaktion zu verstehen, um eine frühzeitige Fokussierung auf strategisch relevante Integrationsobjekte zu ermöglichen (Rentrop 2004, S. 70-71). Sind diese bestimmt, beginnt das Due Diligence-Team mit der Sammlung von detailierten internen Daten, um das aktuelle IT-System des Unternehmens bewerten zu können. Die vorherige Entwicklung einer Datensammlungsstrategie ist durch den oftmals gegebenen Zeitdruck, unter denen eine Due Diligence durchgeführt wird sowie aus Gründen der Wiederauffindbarkeit und Wiederverwendung von Daten unerlässlich (Rentrop 2004, S. 136; Vielba und Vielba 2006, S. 119). Die Zusammenstellung von relevanten Daten erweist sich dabei mit zunehmender Komplexität der M&A-Transaktion als schwierig, besonders da es sich bei größeren Transaktionen empfiehlt, zusätzlich auch auf extern gesammelte Daten, z. B. von Wirtschaftsprüfern, zurückzugreifen. Die IT Due Diligence sollte letztendlich Aufschluss über die in Anlehnung an VIELBA und VIELBA (2006, S. 119) aufgestellten Aspekte geben (Bild 16).[76]

---

[76] Teilweise auch bei RIGALL und HORNKE (2007, S. 498) zu finden.

- Anzahl der an der Transaktion beteiligten Betriebseinheiten,
- Übersicht der Geschäfts- und IT-Tätigkeiten,
- Anzahl des IT-Personals, deren Fähigkeiten, Organisation und Management-methoden,
- Anzahl und Typen der Anwendungssysteme,
- aktuelle wichtige IT-Projekte,
- IT-Infrastruktur und technische Ausstattung,
  - Technik und Architektur,
  - Anzahl und Typen der verwendeten Hardware,
  - Netzwerkkapazitäten,
  - Standorte,
  - Useranzahl,
- Jährliches Budget und Kosten,
- Lieferanten und Verträge,
- rechtliche und sicherheitstechnische Auflagen sowie
- IT-Strategie und Planungen.

Bild 16 Due Diligence Informationssammlung

Quelle: In Anlehnung an VIELBA und VIELBA (2006, S. 119)

5.3.1.3 Arbeitsergebnisse der IT Due Diligence

Die Ergebnisse der IT Due Diligence werden in einem Report zusammengefasst, um sie anschließend der Geschäftsleitung bzw. dem M&A-Verantwortlichen vorzulegen. Der Bericht umfasst dabei folgende mögliche Hauptpunkte (Vielba und Vielba 2006, S. 122):

- Einleitung
- Zusammenfassende Darstellung des IT-Managements
- IT-Infrastruktur
- Anwendungssysteme
- Sonstige Hard- und Software
- Organisation und Fähigkeiten
- Aktuelle und geplante Forschung und Entwicklung
- Lieferantenbeziehungen insb. Verträge
- IT-Sicherheit und Resilienz
- IT-Kosten und –Budget
- Risikofaktoren
- Integrationskosten
- Synergiepotenzial (bezogen auf die Fokussierung der Due Diligence)
- Integrationsschwerpunkte und -zeitplan
- Besonderheiten und Empfehlung

Bild 17 Due Diligence Report

Quelle: In Anlehnung an Vielba und Vielba (2006, S. 122)

Insbesondere die Aspekte der Risikofaktoren, Integrationskosten und Synergiepotenziale sind ausschlaggebend für die Fortführung der M&A-Transaktion. RENTROP (2004, S. 136) sieht aber auch wesentliche Argumente gegen die Einbeziehung der IT in die Due Diligence. Zum einen wird bei sogenannten „feindlichen Übernahmen" meist ein umfassender Einblick in die Strukturen und Prozesse des Übernahmekandidaten nicht möglich sein und zum anderen erlaubt der oftmals vorhandene Zeitdruck keine ausführliche Analyse der Informationstechnologie. Dennoch sehen RENTROP (2004, S. 136) sowie RIGALL und HORNKE (2007, S. 498) ein großes Risiko in der vollständigen Außerachtlassung der Informationstechnologie und schlagen vor, sich während dieser Phase auf Faktoren zu konzentrieren, die erheblichen Einfluss auf die Integrationskosten haben (z. B. bestehende Outsourcing-Verträge, Vertragsbindungen bei Lieferanten) und den Fokus besonders auf die organisatorische Kompatibilität zu legen. VIELBA und VIELBA (2006, S. 124) sehen die IT Due Diligence zwar selber als „[…] snapshot of the new company's IT organization, processes and systems[.]", weisen aber gleichzeitig darauf hin, dass die Informationen ausreichend sein müssen, um rationale Vorhersagen über die IT-Integration zu treffen. Wird auf Basis dieser Informationen eine positive Entscheidung hinsichtlich der Fortführung des M&A-Prozesses getroffen, kann begonnen werden, die verschiedenen Bereiche eingehender zu analysieren.

5.3.2 Detailed Assessment

Das Ziel der „Detailed Assessment"-Phase ist die detaillierte Ausarbeitung einer „Integration Road Map". Demzufolge stehen die Analyse der IT-Bereiche, die Formulierung des Post-Merger-IT-Systems und die Identifizierung von Unterschieden zwischen den bestehenden und zukünftigen Systemen im Vordergrund (Vielba und Vielba 2006, S. 124). Am Ende dieser Phase müssen eine klare Integrationsstrategie sowie ein Migrationsplan vorliegen (Bild 14). Idealerweise wurde der CIO im Vorfeld über die Transaktion vom CEO informiert und bereits in den Due Diligence-Prozess miteinbezogen. Dies ist aber häufig nicht der Fall, so dass die IT-Leiter ab diesem Zeitpunkt klaren Auflagen bezüglich der Durchführungszeit, Kosten und Ressourcen unterliegen. Eine strukturierte zügige Vorgehensweise zur Entwicklung einer Integrationsstrategie ist somit ein wesentlicher Erfolgsfaktor (Rigall und Hornke 2007, S. 498). Diese erfolgt in zwei logischen Schritten: Zum einen müssen die gesammelten Daten der IT Due Diligence verfeinert werden, um ein umfassendes Bild der

Pre-Merger-IT-Systeme darzustellen. VIELBA und VIELBA (2006, S. 125) verwenden dazu die Bezeichnung des „As-Is-Models". Falls keine IT Due Diligence stattgefunden hat, sind in dieser Phase die in Kapitel 5.2.1 genannten Maßnahmen zu Beginn durchzuführen. In einem zweiten Schritt ist auf der Basis der gesammelten Daten ein neues mögliches IT-System der zusammengeschlossenen Unternehmen zu entwickeln („To-Be-Model"). Die Interaktion und der Integrationsgrad zwischen dem „As-Is-" und dem „To-Be-Model" legen letztendlich die Integrationsstrategie fest. Ein Kritikpunkt ergibt sich aber durch die Anordnung innerhalb des Vorgehensmodells. Sie suggeriert fälschlicherweise eine sequentielle Abfolge dieser Phasen. Vielmehr muss aber ein kontinuierlicher Dialog zwischen diesen beiden Modellen existieren.

5.3.2.1 Das „As-Is-Model"

RENTROP (2004, S. 69) sieht die Kenntnis über die Ist-Situation der beiden Organisationen als grundlegende Voraussetzung zur Anpassung der IT-Bereiche an. Die Dauer dieser Phase ist indessen stark abhängig von der Größe der Zusammenschlusspartner sowie der zur Verfügung gestellten personellen Ressourcen und kann demzufolge bis zu drei Monate andauern (Vielba und Vielba 2006, S. 125). Falls aus Zeitgründen eine As-Is-Analyse nicht vollständig durchgeführt werden kann, ist der Fokus auf strategisch relevante Integrationsobjekte zu legen. VIELBA und VIELBA (2006, S. 125) warnen in diesem Zusammenhang ausdrücklich vor einer Ist-Analyse, die mehr auf Vermutungen und Annahmen als auf einer Absicherung durch datentechnische Erhebungen beruht. Die Aktivitäten in dieser Phase lassen sich durch folgende Oberpunkte fixieren:

Projektorganisation und Teambildung

Die enorme Bedeutung der Integrationsphase als Querschnittsfunktion und unterstützender Faktor für sämtliche andere Funktionsbereiche (z. B. Personal, F&E, Vertrieb, Marketing) sowie der hohe Anteil der Integrationskosten von häufig mehr als 50 % an den M&A-Gesamtkosten machen eine akribische Planung der Projektorganisation unumgänglich (Rigall und Hornke 2007, S. 498-499).

Zu Beginn der Detailed Assessment-Phase muss deshalb ein interdisziplinäres Projektteam für den weiteren Verlauf der Integration zusammengestellt werden. Falls die Due Diligence von externen Beratern durchgeführt wurde, wird spätestens ab diesem Zeitpunkt der Einsatz von internen Mitarbeitern notwendig, da nur sie tiefgreifende Einblicke in Strukturen und Prozesse der Organisationen haben. Der Aufbau des Projektteams unterliegt selber einer sorgfältigen Planung. Im Team müssen beiderseits technische als auch analytische Fähigkeiten und idealerweise Erfahrungen aus früheren M&A-Transaktionen vereint sein. Bei der Auswahl muss weitergehend auf eine „politische Balance" zwischen den Mitarbeitern der beteiligten M&A-Unternehmen geachtet werden (Vielba und Vielba 2006, S. 126). Die Nichtbeachtung von bestimmten Personen(gruppen) kann sich schnell zu einer ablehnenden Haltung gegenüber dem Gesamtzusammenschluss entwickeln.

Weiterhin gilt es, die IT-Integration als Teilprojekt des Unternehmens-zusammenschlusses im M&A-Gesamtprojektmanagement einzuordnen. Aus aufbauorganisatorischer Sicht stellt die IT-Integration einen gegenüber den anderen Bereichen (z. B. Personal, Logistik, Einkauf) gleichwertigen Teilprojektbereich dar. Die IT-technische Durchdringung dieser Funktionsbereiche erfordert aber ein „Querschnittsdenken", so dass für jedes Teilprojekt Schnittstellen zur IT-Integration eingerichtet werden müssen. Die Betrachtung einer Unternehmensfusion aus projektmanagementtechnischer Sicht stellt bei ROBERT (2002, S. 27-41) und WICK (2004) einen zentralen Punkt dar. Die Beachtung der grundlegenden Aspekte des Projektmanagements (z. B. Projektorganisation, - steuerung und –kommunikation) seien für den weiteren Verlauf der vorliegenden Arbeit aus umfangtechnischen Gründen vorausgesetzt und werden somit nicht explizit thematisiert.

Betrachtung der strategischen Rahmenbedingungen der M&A-Transaktion

Da nicht selten zwischen der Ankündigung eines Zusammenschlusses und dem eigentlichen Startpunkt der Integration viel Zeit vergeht, z. B. durch kartellrechtliche Verfahren, ist eine erneute Betrachtung der strategischen Rahmenbedingungen der M&A-Transaktion, auch wenn sie schon in der Due Diligence stattgefunden hat, und ihrer Einflüsse auf die Informationstechnologie notwendig (Vielba und Vielba 2006, S. 127). Diese Maßnahme verhilft, den strategischen Bezug innerhalb der IT-Integration zu stärken und relevante Integrationsobjekte zu fokussieren.

Analyse der IT-Strategie

Eine zentrale Aufgabe stellt die Überlegung nach einer zukünftigen geeigneten IT-Strategie für das zusammengeschlossene Unternehmen dar. Eine frühzeitige Analyse der jeweiligen IT-Strategien der Zusammenschlusspartner kann helfen, Unterschiede zwischen diesen zu identifizieren und dementsprechende Maßnahmen zu bestimmen (Vielba und Vielba 2006, S. 127). Die zukünftige IT-Strategie wird dabei im Wesentlichen durch die strategische Neuausrichtung und die einhergehenden neuen Ziele der Informationsfunktion innerhalb des zusammengeschlossenen Unternehmens bestimmt (Rentrop 2004, S. 138). RENTROP (2004, S. 138) ist der Meinung, dass horizontale Zusammenschlüsse eher geringere Auswirkungen auf die Informationsfunktion haben und Änderungen hauptsächlich in der Koordination verschiedener Standorte begründet sind. Genauer formulieren RIGALL und HORNKE (2007, S. 500), die bei großen Unterschieden in der IT-Strategie und in dem Verhalten der IT-Mitarbeiter der Zusammenschlusspartner (z. B. Sicherheitsdenken, Eigenverantwortung, Berufsethos, Stolz) erhöhtes Komplikationspotenzial sehen.

Weiterhin ist zu beachten, dass Mergers & Acquisitions oftmals bei Kunden zu einer Leistungs-, Preis- und Beziehungsunsicherheit führen, die in ein gewisses Abwanderungspotenzial mündet (Rentrop 2004, S. 139). Nach RENTROP (2004, S. 139-140) kann eine frühzeitige Entwicklung transaktionsbezogener und strategischer Kundenbindungsmaßnahmen helfen, dieses Risiko zu minimieren.[77]

In Anlehnung an das formulierte Zielsystem sind in dieser Phase integrationsbezogene Prozesse zu definieren, wie durch den Transfer von spezifischem und allgemeinem Wissen der Gesamtintegrationsprozess unterstützt werden kann. Dabei sind Wissensgebiete zu klassifizieren, die hinsichtlich des Integrationsprozesses und für das zusammengeschlossene Unternehmen von strategisch wichtiger Bedeutung sind.[78]

Inwieweit die beschriebenen Maßnahmen beachtet oder realisiert werden, hängt von dem IT-Portfolio des zusammengeschlossenen Unternehmens ab. Ist beispielsweise in einem Unternehmen bereits ein CRM-System vorhanden, so kann es zukünftig genügen, dieses um einige Funktionalitäten zu erweitern und zu übernehmen. Passt dieses System aber zukünftig nicht zu der neuen IT-Struktur bzw. –Strategie, ist in Abhängigkeit der Bedeutung eines solchen Systems und der Kosten über eine Neuentwicklung oder Abschaffung nachzudenken.

---

[77] Als Beispiel einer transaktionsbezogenen Maßnahme führt RENTROP (2004, S. 140) integrationsbezogene Kampagnen des Customer Relationship Managements (CRM) an, um eine offene Kommunikation mit dem Kunden zu fördern. Strategische Maßnahmen fokussieren das Leistungsangebot des zusammengeschlossenen Unternehmens und versuchen, psychologische Barrieren hinsichtlich der Akzeptanz der Produkte des Zusammenschlusspartners zu überwinden.

[78] Z. B. ist bei marketing-konzentrischen Zusammenschlüssen das Wissen über den Kunden als strategisch bedeutsamer einzustufen als das Wissen über Managementmethoden (Rentrop 2004, S. 141).

Analyse der IT-Systeme der M&A-Partner

Für RENTROP (2004, S. 81-102) stellt die Erhebung und Analyse der Geschäftsprozesse den Ausgangspunkt für weitere Aktivitäten der Integrationsphase dar. Auf dieser Basis kann das neue Informationssystem gestaltet und der Transfer spezifischer Fähigkeiten gefördert werden, indem das in der Prozessgestaltung enthaltene Wissen bei der Modellierung der Ist-Prozesse schriftlich niedergelegt und somit interorganisatorisch zur Verfügung gestellt wird (Robert 2002, S. 65; Rentrop 2004, S. 81). Zur Modellierung von Geschäftsprozessen existieren verschiedene Ansätze, die sich in aktivitäts-, ereignis- und objektorientierte Methoden unterscheiden lassen. Unabhängig von der gewählten Technik muss die Darstellung der Geschäftsprozesse auf einer für die Zusammenschlusspartner verständlichen und einheitlichen Basis erfolgen, da es ansonsten zu Kommunikationsschwierigkeiten und Problemen bei der Zusammenführung der Modelle kommen kann (Robert 2002, S. 66). Die Prozesse können anschließend bezüglich der in Tabelle 7 dargestellten Kriterien beurteilt werden.

Tabelle 7 Faktoren zur Beurteilung der Geschäftsprozesse

Zeit	Kosten
• Durchlaufzeiten • Pünktlichkeit • Leerlaufzeiten	• Kosten der Durchführung • Kosten je Mitarbeiter • Kostenanteil wertschöpfender Tätigkeiten
Qualität	
• Struktur • Durchdringung • Transparenz	• IS-Unterstützung • Konsistenz • Kundenzufriedenheit

Quelle: In Anlehnung an RENTROP (2004, S. 89)

Auf dieser Basis können die Geschäftsprozesse der M&A-Partner verglichen und Synergiepotenziale identifiziert werden.

Im Zuge der Untersuchungen im Bereich der IT-Technik ist neben dem Management der vorhandenen Technologien auch über die Einführung neuer Technologien nachzudenken. HÖVELMANNS und BAUMGART (1999, S. 13) sehen aber gerade diesen Punkt als zentralen Faktor für das Scheitern von vielen IT-Integrationsprojekten an. Dieser eher pauschalen Aussage setzt RENTROP (2004, S. 145) entgegen, dass gerade aus Mergers & Acquisitions neuer Technologiebedarf entstehen kann und somit eine dementsprechende Handlungsweise unabdingbar ist. Bei der Auswahl neuer

Technologien steht demnach im Vordergrund welche neuen technologischen Anforderungen vorliegen, welche Potenziale aus ihnen erwachsen und welche Risiken sie für das Integrationsprojekt bergen. In dem Fall, dass die vorhandenen Technologien der Unternehmen zur zukünftigen Problemlösung nicht optimal sind, beschreibt RENTROP (2004, S. 146) den Einsatz zweier Lösungsmöglichkeiten: Die Enterprise Application Integration (EAI)[79] und die temporalen Datenbanken.

Die EAI dient in diesem Zusammenhang der Integration der Unternehmenssysteme mit durchgängiger Unterstützung der Geschäftsprozesse, wobei sie weitere Integrationsansätze (z. B. Middlewareansatz) aufgreift und um die Funktion der Prozessintegration erweitert (Rentrop 2004, S.147). Temporale Datenbanken dienen hingegen der Aufrechterhaltung des Informationsflusses während des Integrationsprojektes. Durch Versionierung von neu eingetragenen Daten ist es stets möglich in einem gültigkeits- und transaktionszeitspezifischen Kontext auf frühere Werte zurückzugreifen (Rentrop 2004, S. 149-152).

Neben diesen Aufgaben ist auch das Umfeld des Integrationsprojektes zu untersuchen, da kulturelle Faktoren einen nicht zu vernachlässigenden Anteil am Gesamterfolg der Transaktion ausmachen (Rentrop 2004, S. 124). Die Analysen in diesem Bereich müssen demnach darauf ausgerichtet sein, wie die Informationstechnologie bisher genutzt wurde, wie das Verhältnis zwischen den Fachabteilungen und dem IT-Bereich ist und wie die generelle Akzeptanz der Informationstechnologie in den jeweiligen Unternehmen ist. Weichen die identifizierten Werthaltungen zu sehr voneinander ab, so ist dies bei der Neuentwicklung der IT-Strategie zu berücksichtigen (Rentrop 2004, S. 128-129).

Die Analyse des weiteren IT-Systems stützt sich auf die Erkenntnisse aus der IT Due Diligence. Zusammengefasst muss das „As-Is-Model" Antworten auf die in Bild 18 dargestellten Fragen bieten.

---

[79] AIER und SCHÖNHERR (2004) geben einen ersten Überblick der Aufgabengebiete der EAI.

1. Welche IT-Synergien können zwischen den Unternehmen identifiziert werden?
2. Wie verhalten sich diese bezogen auf das in der Pre-Merger-Phase herausgearbeitete Synergiepotenzial?
3. Welche Veränderungen sind notwendig, um diese zu erreichen? Wo und warum?
4. Was sind die Risiken?
5. Was sind die Vorteile? Worin liegen „quick wins"?
6. Was sind die Kosten? Sind sie tragbar?
7. Welche Auswirkungen haben die Veränderungen für die Unternehmens-IT?
8. Welche Optionen stehen zur Aufstellung einer IT-Strategie zur Verfügung?
9. Welche dieser Optionen sind realisierbar? Welche Kriterien werden bei der Auswahl zu Grunde gelegt? Strategie, Technologie, Personal, Prozesse, Kosten, Chancen, Risiken, Auflagen, Vermutungen, Meinung des Top Managements?

Bild 18 Anforderungen an das „As-Is-Model"

Quelle: In Anlehnung an VIELBA und VIELBA (2006, S. 128)

5.3.2.2 Das „To-Be-Model"

Der zweite Schritt innerhalb der „Detailed Assessment"-Phase ist die Entwicklung des zukünftigen IT-Systemmodells für das zusammengeschlossene Unternehmen („To-Be-Model"). Die Aufstellung unterliegt zum einen den Annahmen und Erkenntnissen, die aus dem „As-Is-Model" gewonnen werden konnten und zum anderen Beschränkungen, die durch den Unternehmenszusammenschluss selber gegeben sind. Letztgenannte können in diesem Zusammenhang Integrationszeitpläne, Kostenvorgaben, Leistungsziele und betriebliche Anforderungen sein (Vielba und Vielba 2006, S. 129). In Anlehnung an RENTROP (2004) sowie VIELBA und VIELBA (2006) lassen sich die Aktivitäten folgendermaßen gliedern:

Betrachtung der Integrationsmöglichkeiten

Für die Entwicklung des „To-Be-Models" wird es notwendig, den IT-Integrationsobjekten bestimmte Integrationsgrade zuzuordnen (Kapitel 3). Die Wahl des jeweiligen Integrationsgrades hängt aber nicht allein von der strategischen Bedeutsamkeit der IT-Ressource ab, sondern auch von der Unternehmensphilosophie und –einstellung hinsichtlich Standardisierung, Zentralisierung und anderen systemtechnischen Faktoren (Vielba und Vielba 2006, S. 130). Die unterschiedlichen Auswirkungen der verschiedenen Integrationsgrade im Bezug zu den

IT-Systemteilbereichen wurden bereits in Kapitel 4 thematisiert und werden hier noch einmal zusammengefasst dargestellt. Grundsätzlich lässt sich zwischen

- keiner oder geringer Integration (Erhaltung oder Symbiose, Kapitel 3.1.2.2),
- totaler Integration (Absorption, Kapitel 3.1.2.2) oder
- einer Kombination von beidem unterscheiden.

Eine wichtige Erkenntnis in diesem Zusammenhang ist, dass eine allgemeingültige „best practice"-Integration nicht existiert. Vielmehr muss anhand des Zielkatalogs und der Erkenntnisse des „As-Is-Models" der geeignetste Integrationsgrad ausgewählt und umgesetzt werden. KROMER (2001, S. 145-253) gibt in seiner empirischen Studie einen Überblick zu Zielvorgaben, gewählten Integrationsgraden und dem daraus resultierenden Integrationserfolg. Situationsabhängig wählen Unternehmen z. B. bei Fusionen den Ansatz keiner oder geringer Integration, wenn die Unternehmensstrategie eher auf die Erschließung eines neuen Marktes ausgerichtet und sie an der Integration der IT-Systeme der Zusammenschlusspartner nicht interessiert sind. Nach VIELBA und VIELBA (2006, S. 130) wird aber zumindest bei Mergers & Acquisitions in den USA die totale Integration der IT-Systeme bevorzugt. Gleich, welche Umsetzungsentscheidung letztendlich getroffen wird, müssen daraus resultierende mögliche Veränderungen auf die IT-Systeme der Zusammenschlusspartner vom Projektteam dokumentiert werden, um schon frühzeitig Risiken identifizieren zu können (Vielba und Vielba 2006, S. 131-133).

Gap-Analyse

Eine zentrale Aufgabe bei der Entwicklung des „To-Be-Models" ist der Abgleich der aktuellen IT-Systeme hinsichtlich der strategisch relevanten IT-Integrationsobjekte. Der Analyseprozess stellt bestehende Lücken zu vorher festgelegten Synergiezielen fest und kann somit schon frühzeitig erste Hinweise zu Kosten und zur Komplexität der IT-Integration liefern (Vielba und Vielba 2006, S. 133-134). Ein Vergleich der IT-Systeme der Zusammenschlusspartner zeigt ebenfalls, welches IT-System die vorher spezifizierten Ziele bereits bestmöglich erfüllt und kann erste Anhaltspunkte über den später gewählten Integrationsgrad liefern (Bild 12).

Aufstellung von Integrationsszenarien

Die Aufstellung von Integrationsszenarien verlangt dem Integrationsteam ein hohes analytisches Können ab. Sie können dabei auf verschiedene etablierte Techniken zurückgreifen, die zur Analyse von verschiedenen Bereichen und zur Präsentation gegenüber dem Top-Management geeignet sind. Die Wahl dieser Techniken hängt dabei vom jeweiligen Projektteam selber und von den Rahmenbedingungen des Zusammenschlusses ab. VIELBA und VIELBA (2006, S. 135-142) führen als Beispiele die „SWOT analysis" (dt.: Analyse der Stärken, Schwächen, Chancen und Risiken), das „Scenario planning" (dt: Szenarioplanung) sowie die „Risk analysis" (dt: Risikoanalyse) an. Eine Betrachtung aller drei Techniken findet im Rahmen dieser Arbeit nicht statt, da eine genaue Untersuchung an dieser Stelle zu umfangreich wäre. Die Aufstellung von Integrationsszenarien mit Hilfe dieser Methoden spiegelt dennoch einen wichtigen Aspekt der Integrationsstrategie wider, weshalb im Folgenden das „Scenario planning" exemplarisch vorgestellt wird.

Die Szenarioplanung wird zur Strategieentwicklung und –auswahl eingesetzt und zeigt verschiedene Optionen eines Integrationsvorgehens auf. Um Szenarien bilden zu können, ist es vorweg notwendig, Faktoren zu identifizieren, die den IT-Bereich des zusammengeschlossenen Unternehmens wesentlich beeinflussen, und Annahmen über deren Veränderungsmöglichkeiten zu treffen. Unter der Voraussetzung, dass ein adäquates „As-Is-Model" erarbeitet wurde, sind diese Schlüsselfaktoren schnell ausfindig zu machen. Die Modifizierung von diversen Schlüsselfaktoren wirkt sich auf weitere spezifizierte Bereiche aus, was zu unterschiedlichen zukünftigen Szenarien führt. Dieser Prozess ist in Bild 19 beispielhaft dargestellt.

Scenario 1	Scenario 2	Scenario 3	Scenario 4
Strategy: 3 business models: PCC, Mixed, Other	**Strategy:** European business model with local flexibility to implement divisional formats	**Strategy:** European business model with local flexibility to implement divisional formats	**Strategy:** European business model with local flexibility to implement divisional formats
Process: Best local practices based on operating model across countries	**Process:** Develop European Operating Model	**Process:** Develop European Operating Model	**Process:** Develop European Operating Model
Application: 3 systems converging into 2 by 2006	**Application:** 3 systems converging into 1 by 2004	**Application:** 3 systems converging into 1 by 2005	**Application:** 3 systems converging into 1 by 2003
Technology: Local infrastructure Group technology standards and common network infrastructure Sharing best practices	**Technology:** Local infrastructure for 2 years Group common infrastructure (networks, applications and data center by 2004)	**Technology:** Local infrastructure for 2 or more years Group common infrastructure (networks, applications, and data centre by 2005)	**Technology:** Local infrastructure for 1 year Group common infrastructure (networks, applications, and data centre by 2003)
Costs: Set up costs € 45Million approx. Annual running costs € 55 Million approx.	**Costs:** Set-up costs € 50 Million approx. Annual running costs savings of € 10 Million by 2005	**Costs:** Set-up costs € 55 Million approx. Annual running costs savings of € 5 Million by 2005	**Costs:** Set-up costs € 65 Million approx. Annual running costs savings of € 20 Million by 2003
Synergies: IT Purchasing Network savings Best IS Practices	**Synergies:** IT Purchasing Common European Infrastructure (applications, networks and operations) Common European IT Strategy	**Synergies:** IT Purchasing Common European Infrastructure (applications, networks and operations) Common European IT Strategy	**Synergies:** IT Purchasing Common European Infrastructure (applications, networks and operations) Common European IT Strategy
Risks: Duplication Multiple Systems Higher COO No standard solution for new acquisitions	**Risks:** Major change programme Delay current development programmes in the short term Buy-in from Divisional Management	**Risks:** Pace of change may be too slow Group synergies may harder to achieve because of time gap Buy-in from Divisional Management	**Risks:** Outsource Supplier/Contract Major change programme Derail current development programmes Buy-in from Divisional Management

Bild 19 Beispiel einer Szenarioplanung

Quelle: In Anlehnung an VIELBA und VIELBA (2006, S. 138)

Szenario 1 basiert auf verschiedenen länderspezifischen Geschäftsmodellen, wobei Szenario 2, 3 und 4 ein einheitliches europäisches zu Grunde legen. Ein weiterer Unterschied liegt in der Schnelligkeit und Vorgehensweise. Während Szenario 2 auf die Entwicklung eines internen europäischen Systems im Jahr 2004 abzielt, gliedern Szenario 3 und 4 diese Entwicklung aus und rechnen mit einer Fertigstellung im Jahr 2005 bzw. 2003. Die entsprechenden Auswirkungen auf die jeweiligen Kosten der Szenarien sind signifikant. Das dargestellte Beispiel ist strukturtechnisch erweiterbar, so dass weitere Aspekte, wie z. B. IT-Organisation oder Kunden- und Lieferantenperspektive, miteinbezogen werden können. Zusammenfassend gibt diese Technik Aufschluss über eine Anzahl möglicher umsetzbarer Szenarien, die mit der Gesamtstrategie des Unternehmenszusammenschlusses einhergehen.

Die Betrachtung der IT-Integration aus finanzieller Sicht spielt bei der Aufstellung von Integrationsszenarien ebenfalls eine wesentliche Rolle. Der CIO und das Projektteam müssen ein Verständnis dafür entwickeln, welche Bestandteile der IT-Systeme der Zusammenschlusspartner relevant sind und wie sie wirtschaftlich miteinander zu verknüpfen sind. GULATI (2002) entwickelte eine Technik durch die sich die IT-Systeme von Unternehmen sowie ihre grundlegenden Prozesse und Strukturen unter der Beachtung von Kosteneinsparungen innerhalb eines Zeitraumes von 3 Jahren darstellen lassen.[80] Diese Methode kann unter anderem dazu verwendet werden, verschiedenartige Teilprojekte, wie z. B. die Middleware-Implementierung, die Einführung der Balanced Scorecard oder Service Level Agreements (SLA) bezogen auf ihre Kosteneinsparungen für das zusammengeschlossene Unternehmen zu untersuchen (Gulati 2002, S. 10).

Ein weiterer Schritt zur Vollendung der „Detailed Assessment"-Phase ist die zusammengefasste Aufstellung der herausgearbeiteten IT-Synergien und eine Planung, wie diese erreicht werden können (Vielba und Vielba 2006, S. 142). Dies kann auf unterschiedliche Art und Weise erfolgen, unter der Bedingung, dass die gewählte Darstellung die Vorgehensweise klar kommuniziert.

Entwicklung von Integrationsstrategie und -plan

Zum Ende der „Detailed Assessment"-Phase steht die Aufstellung der künftigen Integrationsstrategie sowie des Integrationsplanes an. Die Integrationsstrategie muss unter Berücksichtigung der zuvor erarbeiteten Erkenntnisse aufzeigen, wie das zukünftige IT-System des zusammengeschlossenen Unternehmens strukturiert ist und wie es umgesetzt wird. Die folgende Übersicht (Bild 20) in Anlehnung an VIELBA und VIELBA (2006, S. 142-143) zeigt auf, welche Aspekte in diesem Zusammenhang beachtet werden müssen:

---

[80] GULATI (2002, S. 4) geht von einer Realisierung der IT-Synergien in einem Zeitraum von 18 bis 36 Monaten aus.

1. Was ist die neue IT-Strategie?
2. Wie sieht die neue IT-Organisation aus? Wo liegen die Verantwortungen?
3. Welche Prozesse unterstützen diese?
4. Wie sieht die neue technische Infrastruktur aus und wie wird sie genutzt?
5. Wie leistungsfähig, skalierbar, etc. ist die neue technische Struktur?
6. Welche Netzabdeckung und Bandbreitenkapazität steht zur Verfügung?
7. Welche Anwendungssysteme und Daten werden genutzt? Wo und auf welcher Systemplattform?
8. Welche Schlüsselmitarbeiter lassen sich identifizieren?
9. Welche Ausgaben sind für das künftige IT-System zu erwarten?
10. Was sind die IT-bezogenen Stärken, Schwächen, Chancen und Risiken der Zusammenschlusspartner?

Bild 20 Anforderungen an das „To-Be-Model"

Quelle: In Anlehnung an VIELBA und VIELBA (2006, S. 143)

Der Integrationsplan muss anschließend die relevanten Objekte der Integrationsstrategie fokussieren und einen Zeitrahmen, Kosten sowie benötigte Ressourcen zur Umsetzung darstellen.

Dabei ist zu beachten, dass die Zusammenführung insbesondere der Anwendungssysteme durch eine Reihe einzelner Migrationen in das entsprechende Zielsystem verbunden ist (Rentrop 2004, S 230). Für diesen Übergang lassen sich verschiedene Vorgehensweisen unterscheiden (Rentrop 2004, S. 231-234):

*   *Umstellung zu einem Zeitpunkt*: Das alte Anwendungssystem wird zu einem bestimmten Zeitpunkt unmittelbar durch das neue System abgelöst. Der Vorteil dieser Methode ist die kurze Phase der Umstellung und die einhergehende Verringerung der Unsicherheit der IT-Mitarbeiter. Nachteilig erweist sich aber, dass aufgrund der hohen Komplexität ein erhöhtes Risikopotenzial zum Umstellungszeitpunkt existiert, was nur durch eine straffe Koordination der Teilprojekte minimiert werden kann.

*   *Sukzessive Migration*: Das alte System wird schrittweise durch das neue System abgelöst. Die Verteilung der Integrationsaufgaben über einen längeren Zeitraum ermöglicht eine bessere Arbeitsauslastung, was aber auf der anderen Seite die Kosten des Projektes erhöht.

- *Pilotierung*: Das neue System wird zeitlich schrittweise für bestimmte Standorte oder Bereiche eingeführt. Mit Hilfe dieser Methode können gezielt „Early Wins" erzielt werden, indem das neue IT-System frühzeitig für einzelne Bereiche integriert wird. In diesem Fall wird die Funktionsfähigkeit des neuen Anwendungssystems zu einem kritischen Erfolgsfaktor.

Abschließend ist die erarbeitete IT-Integrationsstrategie und –planung dem M&A-Verantwortlichen vorzulegen und genehmigen zu lassen. Eine positive Entscheidung hat den Beginn der Integrationsphase zur Folge, wobei eine negative Entscheidung eine Modifizierung von Integrationsstrategie und –planung bedeuten kann.

5.3.3 Integration

Die Planungen und Maßnahmen in der Integrationsphase werden von vielen Autoren als wesentlicher Erfolgsfaktor bei Mergers & Acquisitions angesehen werden (Rigall und Hornke 2007, S. 496; Courth et al. 2008). Die Integrationsphase ist von einem Balanceakt zwischen der Umsetzung des neuen IT-Systems und der Aufrechterhaltung der aktuellen Systeme geprägt, bis das neue IT-System des zusammengeschlossenen Unternehmens übernehmen kann. Eine sorgfältige Planung sowie ein genaues, kontinuierlich reflektiertes Vorgehen sind in dieser Phase ein wesentlicher Erfolgsfaktor.

5.3.3.1 Planung der IT-Integration

Die Planung der IT-Integration bezieht sich grundlegend auf die in Kapitel 3 vorgestellten Teilbereiche eines IT-Systems: Technik sowie Organisation und Management. VIELBA und VIELBA (2006, S. 145-147) betonen die Notwendigkeit, die Integrationsplanung zunächst von einem „high level view" vorzunehmen, um Zusammenhänge und Abhängigkeiten frühzeitig identifizieren zu können. Der aufgestellte Projektplan muss anschließend sukzessive auf bestimmte Aktionen hin konkretisiert werden. Dieser Vorgang ist beispielhaft für die ersten zwei Wochen einer IT-Integration in Bild 21 dargestellt (Vielba und Vielba 2006, S. 147).

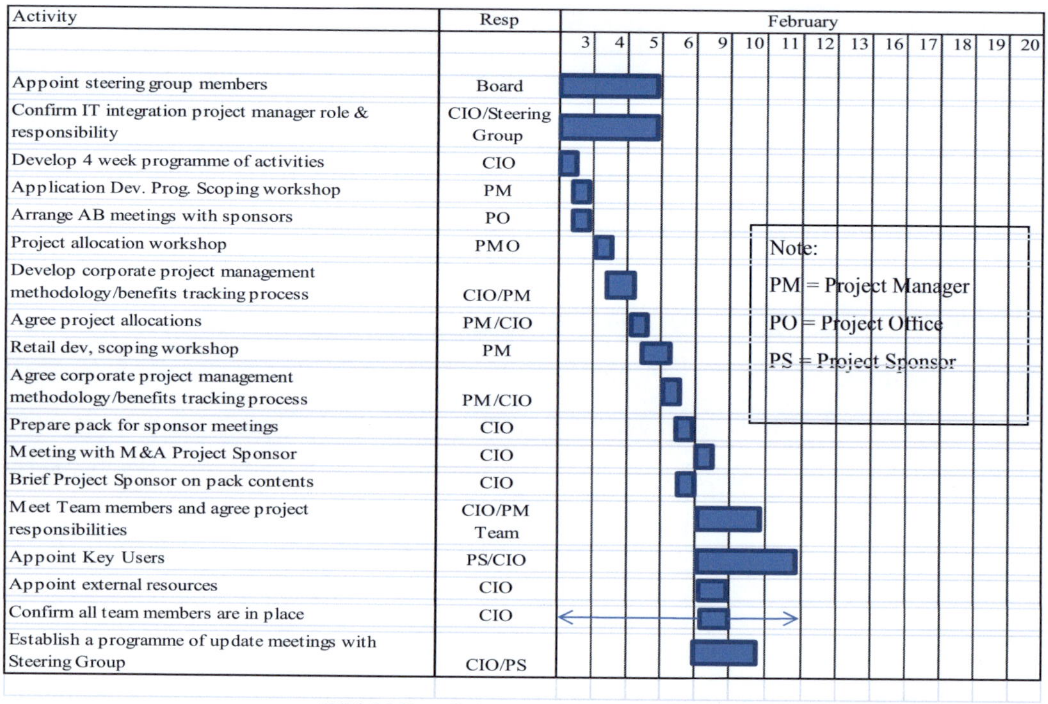

Activity	Resp	February													
		3	4	5	6	9	10	11	12	13	16	17	18	19	20
Appoint steering group members	Board	███	███	███											
Confirm IT integration project manager role & responsibility	CIO/Steering Group	███	███	███											
Develop 4 week programme of activities	CIO	███													
Application Dev. Prog. Scoping workshop	PM		███												
Arrange AB meetings with sponsors	PO	███														
Project allocation workshop	PMO			███											
Develop corporate project management methodology/benefits tracking process	CIO/PM				███										
Agree project allocations	PM/CIO				███										
Retail dev, scoping workshop	PM					███									
Agree corporate project management methodology/benefits tracking process	PM/CIO					███									
Prepare pack for sponsor meetings	CIO						███								
Meeting with M&A Project Sponsor	CIO						███								
Brief Project Sponsor on pack contents	CIO						███								
Meet Team members and agree project responsibilities	CIO/PM Team						███	███							
Appoint Key Users	PS/CIO						███	███							
Appoint external resources	CIO							███							
Confirm all team members are in place	CIO	←						→							
Establish a programme of update meetings with Steering Group	CIO/PS						███	███							

Note:
PM = Project Manager
PO = Project Office
PS = Project Sponsor

Bild 21 Detailplan zur IT-Integration

Quelle: In Anlehnung an Vielba und Vielba (2006, S. 147)

Die Rolle und Fähigkeiten des CIOs in dieser Phase sind essentiell. Abhängig von der Komplexität des Zusammenschlusses ist davon auszugehen, dass all seine Erfahrung bezüglich Planung, Organisation und Führung benötigt wird.

5.3.3.2 Durchführung der IT-Integration

Während der Durchführung der IT-Integration sehen sich der CIO und das Projektteam je nach Integrationsgrad einer Vielzahl unterschiedlicher Herausforderungen gegenüber. Diese lassen sich nach dem in Kapitel 3 vorgestellten Schema zur IT-Integration in die Teilbereiche IT-Technik sowie –Organisation und -Management gliedern. In Kapitel 3 und 4 wurden die Integrationsmöglichkeiten dieser Bereiche bereits thematisiert, weshalb im Folgenden exemplarisch weitere Kernaspekte dieser Phase Bezug genommen wird. VIELBA und VIELBA (2006, S. 148) empfehlen eine anfängliche Fokussierung bei der Integrationsdurchführung auf die IT-Technik, die IT-Organisation, das IT–Management sowie die IT-Sicherheit. Erst in einem zweiten Schritt sollten die Geschäftsprozesse, interne Anwender, Kunden und weitere externe IT-Partner miteinbezogen werden.[81] Darüberhinaus ist die Einrichtung von Maßnahmen zur Kontrolle des Projektstatus ein fester Bestandteil dieser Phase. Diesbezügliche Aktivitäten beziehen sich auf

- die Arbeiten mit den IT-Integrationsobjekten,
- die zeittechnische Einhaltung von Projektmeilensteinen,
- die Einhaltung des Projektbudgets,
- die Aufrechterhaltung des Geschäftsbetriebes,
- den ständigen Abgleich der Planungen mit den tatsächlich erreichten Projektmeilensteinen,
- das Eingreifen zur Korrektur von jedweden erkannten Fehlern und Problemen[82] im Projektablauf sowie
- das Berichtwesen für die M&A-Verantwortlichen.

Hardware

Die Bereitstellung einer funktionierenden Hardwarelandschaft ist der erste Schritt bei der Zusammenführung der IT-Systeme (Robert 2002, S. 66). Angenommen, dass es sich bei den folgenden Ausführungen um geringe oder totale IT-Integration handelt, ist neben einer ausreichenden Dimensionierung auf die Einhaltung aktueller Sicherheitsanforderungen zu achten. Für in Deutschland ansässige Unternehmen ist der Maßnahmenkatalog des BUNDESAMTES FÜR SICHERHEIT IN DER INFORMATIONSTECHNIK (BSI 2007) maßgeblich. In diesem sind Bedingungen zum IT-Betrieb, wie z. B. die Einhaltung von DIN-Normen, Einbruch- und Diebstahlschutz, Aufstellung und Überwachung von Servern sowie weitere technische und organisatorische Vorgaben formuliert. Sind diese Grundvoraussetzungen erfüllt, so kann mit dem Aufbau der gemeinsamen Hardware gemäß den Konzepten des „To-Be-Models" begonnen werden. Weitere Aufgaben in diesem Zuge können beispielsweise die Kopplung der beiden Unternehmensnetzwerke über WAN, der Abgleich der IP-Adressen, die Einrichtung eines Routing-Systems, die Vereinheitlichung der Domänen und die Einrichtung von Benutzerprofilen sein (Robert 2002, S. 68-69).

---

[81] Dieses Vorgehen ist ebenfalls in der fallstudientechnischen Betrachtung der IT-Integration bei ROBERT (2002, S. 66-86) zu beobachten.
[82] Z. B. Zeitverzögerungen, Budgetüberschreitungen, Ressourcenausfall, organisatorische Probleme, technische Schwierigkeiten.

Anwendungssysteme

Unter der Annahme, dass beide Organisationen über ein einheitliches implementiertes ERP-System (Kapitel 3.1.3.3) verfügen und dieses auch nach dem Zusammenschluss weiterbetreiben wollen, liegt der Schwerpunkt in der Abbildung der definierten Geschäftsprozesse innerhalb des neuen ERP-Systems. Bei der Zusammenführung ist auf den jeweiligen Releasestand zu achten, da es sonst zu Inkompatibilitäten kommen kann. Weiter sind bei der Entwicklung eines einheitlichen Anwendungssystems folgende Aufgaben zu erledigen (Robert 2002, S. 70):

- Customizing,
- Programmierung von Schnittstellen,
- Anbindung der Subsysteme,
- Abbildung der Organisationsstruktur,
- Zuordnung der Berechtigungen sowie
- Schaffung eines einheitlichen Dokumentations- und Berichtswesens.

Die Entwicklung der neuen Anwendungssysteme stellt die Grundlage für die anschließende Datenmigration dar, die die schrittweise Übernahme der Daten aus den Alt-Systemen in das neue System umfasst. Aus den Erkenntnissen der „Detailed Assessment"-Phase sollten diesbezügliche Probleme, z. B. Redundanz und Integrität, schon im Vorfeld identifiziert und geeignete Maßnahmen verifiziert worden sein. Besonderer Fokus muss bei der Datenmigration auf Kunden und Lieferanten gelegt werden, da sie meist durch systemtechnische Veränderungen direkt betroffen sind. Eine frühzeitige Kommunikation sowie eine personelle und finanzielle Unterstützung von wichtigen Kunden bei deren Anpassungsarbeiten kann die Akzeptanz des neuen IT-Systems positiv beeinflussen (Robert 2002, S. 71).

Organisation und Management

Die technischen Änderungen der IT-Infrastruktur und der zuvor festgelegte Integrationsgrad für den Bereich der Organisation und des Managements haben vielfältige Auswirkungen auf die Aufbau- und Ablauforganisation der Unternehmen. Neben einer frühzeitigen Identifizierung ist eine interne und externe Kommunikation für die Umsetzung essentiell. Nur so können sich Mitarbeiter und Kunden schrittweise mit den neuen Strukturen und Geschäftsprozessen vertraut machen. Abhängig vom

Integrationsausmaß können zu den Umsetzungsmaßnahmen die Definition der Verantwortungsbereiche, die Änderung der Ablauforganisation gemäß der neuen Geschäftsprozesse, die Kommunikation der Unterschriftsberechtigungen sowie die Veränderungen im Berichtswesen gezählt werden (Robert 2002, S. 72). Im Zuge der IT-Systemumstellung ist auf eine umfassende Schulung der betroffenen IT-Mitarbeiter zu achten. Diese können nach ROBERT (2002, S. 72) in Geschäftsprozessschulungen, ERP-System-Schulungen, fachbereichsspezifische Funktionsschulungen, fachbereichs-übergreifende Key-User-Schulungen sowie Anwenderschulungen differenziert werden.

5.3.4 Post Integration Review

Die Vorgehensmodelle des Projektmanagements kennzeichnen einen kontinuierlichen Überprüfungsprozess während des laufenden Projektes sowie eine abschließende Betrachtung, die die erreichten gegenüber den zuvor gesteckten Zielen abgleicht. Dieser Schritt ist auch im Rahmen einer M&A-Transaktion unerlässlich. Die Informationen, die aus einem Review gezogen werden können, bilden eine Wissensbasis für spätere M&A-Aktivitäten. Im Zuge der Post Integration Review sollte sich das Projektteam auf die Beantwortung der folgenden Fragen konzentrieren (Vielba und Vielba 2006, S. 162):

- Hat die gewählte Integrationsstrategie „funktioniert"? Falls ja, welche Auswirkungen hatte sie auf die ursprünglichen Integrationsobjekte?
- Welche IT-Synergien können letztendlich identifiziert werden? Wie wurden sie erreicht?
- Was erzielte den größten Nutzen? („soft-" und „hard facts")
- Welche Risiken wurden in Kauf genommen? Warum?
- Was waren die Hauptaufgaben des Integrationsprozesses und wie wurden sie umgesetzt?
- Welchen Nutzen brachte die IT-Integration? Welcher finanzielle Aufwand wurde betrieben um ihn zu realisieren?
- Wie hoch waren die IT-Integrationskosten? Wie setzen sie sich zusammen? Wie hoch sind die Integrationsgesamtkosten?
- Wurde den Erwartungen des Managements entsprochen? In welcher Art und Weise?

Durch die Beantwortung dieser Fragen ist eine Grundlage gegeben Aspekte der IT-Integration kritisch zu reflektieren. Der Vergleich des Post-Integration-Zustands mit den ursprünglichen Planungen des „To-Be-Models" gibt Aufschluss darüber, was innerhalb des Integrationsprozesses gut gelaufen ist und wiederholt werden kann und was für nächste Projekte in diesem Bereich besser gemacht oder gar unterlassen werden sollte.

5.3.5 Zusammenfassende Bemerkung zum Vorgehensmodell der IT-Integration

Die Vorstellung des Vorgehensmodells zur IT-Integration bei Mergers & Acquisitions in Kapitel 5 kann nur als einführend für eine derartige Thematik charakterisiert werden. Eine detaillierte Betrachtung sämtlicher Aspekte der IT-Integration ist für die vorliegende Arbeit zu umfangreich - eine Konzentration auf einzelne Kernpunkte würde aber wiederrum die Verflechtungen innerhalb eines Integrationsprozesses nur ungenügend darstellen können. Zusammengefasst bietet das dargestellte Vorgehensmodell einen ersten Gesamtüberblick der IT-Integration, der aber in jeder Hinsicht für genauere Untersuchungen eine spezifischere Sichtweise benötigt. Als Untersuchungsgegenstände bieten sich dabei die Forschungsgebiete der Wirtschaftsinformatik an, die im Bezug zur IT-Integration eine facettenreiche Betrachtung liefern können.

6 Fazit und Ausblick

Die Ausführungen der vorliegenden Untersuchung verdeutlichen die enorme Bedeutung der Informationstechnologie für Mergers & Acquisitions. Aufgrund der historischen und technischen Entwicklung ist der computerbasierte und -unterstützte Betrieb sämtlicher unternehmensinterner Funktionsbereiche für das wettbewerbstechnische Bestehen am Markt unumgänglich und überlebenswichtig. Umso unverständlicher ist es, dass die IT-Integration bei Mergers & Acquisitions ein langes Schattendasein führte und erst seit Ende der 1990er Jahre Thema fachspezifischer Literatur ist. In diesem Zusammenhang bemängelte KROMER (2001) bereits das Fehlen einheitlicher wissenschaftlicher empirischer Studien zum Thema, das sich bis heute fortsetzt. Selbst in empirischen Untersuchungen aus jüngerer Vergangenheit (Jansen et al. 2004) findet die Informationstechnologie keine Erwähnung. Wohl ist aber ein Trend zu erkennen, dass Unternehmensberatungsfirmen und Praktiker dieses Themengebiet aufgrund der Praxisrelevanz unlängst für sich entdeckt haben. Jene Ausführungen stützen sich aber zusehends auf Erfahrungsberichte und Vorgehensweisen aus einzelnen M&A-Transaktionen und können somit kein wissenschaftliches Fundament für weitere M&A-Aktivitäten bieten. Auch für die vorliegende Untersuchung konnten nur zwei Vorgehensmodelle zur IT-Integration bei Mergers & Acquisitions (Rentrop 2004; Vielba und Vielba 2006) recherchiert werden. Dabei liefern besonders aufgrund ihrer Verflechtung von Mensch, Aufgabe und Technik die Methoden und Modelle der Wirtschaftsinformatik viele geeignete Ansätze für eine facettenreiche Analyse der IT-Integration. Die Notwendigkeit weiterer Forschungsarbeiten zu diesem Thema ist auf jeden Fall gegeben: Die Finanzmarktkrise 2007/2008 treibt eine Debatte über die Neuordnung des Bankensektors durch Zusammenschlüsse stetig voran, so dass schon bald mit ersten Fusionsbekanntmachungen zu rechnen ist (Grimpe 2007, Köhler und Eck 2007; n-tv 2008). Besonders die stark technisierte und von der Informationstechnologie abhängige Bankenlandschaft ist von einer gut geplanten und durchgeführten sowie auf wissenschaftlichen Erkenntnissen basierenden IT-Integration abhängig. Das in der vorliegenden Arbeit dargestellte Vorgehensmodell kann in diesem Zusammenhang Anregungen und Wege aufzeigen, sich dieser Thematik zu nähern. Einen Anspruch auf Allgemeingültigkeit kann es dabei aber nicht erheben, da Form und Rahmenbedingungen bei Mergers & Acquisitions stets variieren.

Anhang I – Übersicht der empirischen Forschung zur Integration der Informationstechnologie bei Mergers & Acquisitions

Die dargestellte Übersicht geht auf KROMER (2001, S. 82-90) zurück und stellt die wesentlichen Konzeptionen und Ergebnisse empirischer Forschung zum Thema der IT-Integration bei Mergers & Acquisitions dar (Kapitel 4.2.1).

Tabelle I-1 Empirische Forschung zur IT-Integration bei Mergers & Acquisitions[83]

Autoren und Quellen	Methodik/ Untersuchungsobjekte	Wesentliche Konzeptionen und Ergebnisse

MAIN und SHORT (1989)	• Fallstudie
	• Erhebungsverfahren und –zeitraum unbekannt
	• 1 Transaktion
	• American Hospital Supply und Baxter Healthcare Corporation (beide USA)
	• Bekanntgabe 1985
		• Die Transaktion löst umfassende geschäftsstrategische Planungen sowie einen sieben-monatigen IV-strategischen Planungsprozess aus.
		• Die Autoren halten als wesentliches Ergebnis der IV-strategischen Planungen eine bessere Abstimmung von Fachbereichen und IV-Bereich fest:
		  o verbessertes Verständnis für geschäftliche Anforderungen im IV-Bereich und damit stärkere Ausrichtung der IV auf die Geschäftsstrategie
		  o erweitertes Verständnis für existierende IV-Leistungen sowie für geschäftliche Potenziale informationstechnologischer Entwicklungen in den Fachbereichen.
		• IV-strategische Planung wird in Folge im integrierten Unternehmen als fester Bestandteil des jährlichen strategischen Planungsprozesses verankert.

BOHL (1989)	• Querschnittsuntersuchung
	• schriftliche Befragung
	• Erhebungszeitraum 1988
	• 109 Transaktionen
	• US-amerikanische Unternehmen aller Branchen
	• Betrachtungszeitraum unbekannt
		• Die Autoren halten als Ergebnisse ihrer Erhebung fest, dass
		  o im Zuge der Vorbereitung von M&A vollständige Informationen in nur ca. 50 % der Fälle bzgl. der Hardware, in nur ca. 40 % der Fälle bzgl. der Anwendungssysteme des Partnerunternehmens erhoben werden,
		  o Ausmaß und Qualität der vor Transaktionsvollzug erhobenen, IV-relevanten Informationen nicht mit dem Transaktionserfolg korrelieren,
		  o von allen Anwendungssystemen denen des Finanzbereiches die höchste Priorität in der Integration beigemessen wird,
		  o Inkompatibilitäten der Anwendungssysteme signifikant mit dem Ausmaß an Integrationsproblemen korrelieren,
		  o Ausgaben in den Bereichen Hardware, Software oder Training in jeweils 15 % der Transaktionen anfallen,
		  o die Zeitdauer der Integration signifikant mit dem Ausmaß an Integrationsproblemen korreliert.

---

[83] Die seitenübergreifende Tabelle ist entgegen der bisherigen Formatierung von Tabellen auf den nächsten Seiten durch Tabellenunterschriften mit Fortsetzungsvermerken gekennzeichnet. Der Grund sind formatierungsbedingte Restriktionen.

Autoren und Quellen	Methodik/ Untersuchungsobjekte	Wesentliche Konzeptionen und Ergebnisse

LINDER (1989)	• Fallstudie
	• Persönliche Befragung (113 Interviews), schriftliche Befragung (54 Fragebögen), direkte Beobachtung (39 Besprechungen u. ä.)
	• Erhebungszeitraum unbekannt
	• 30 Integrationsprojekte (Transaktionszahl unbekannt)
	• Gegenwärtige und historische M&A-Erfahrung zweier US-amerikanischer Banken
	• Betrachtungszeitraum unbekannt
		• Als dominante Ziele der IV-Integration werden in den betrachteten Banken genannt:
		  o die Senkung der IV-Kosten
		  o die Erschließung von Cross-Selling Potenzialen,
		  o die Standardisierung von Abläufen.
		• Zur Erreichung dieser Ziele gilt die vollständige Konsolidierung/Standardisierung von IV-Ressourcen – für gleichberechtigte Unternehmen in Form einer Best-of-breed Integration, ansonsten durch Selektion – als adäquater Integrationsansatz.
		• Für 40 % der betrachteten Integrationsprojekte beurteilt das Management das Ergebnis als negativ. Dabei erweisen sich nicht technische Ursachen, sondern folgende drei Risikofaktoren als mit der Mißerfolgswahrscheinlichkeit korreliert:
		  o ein Fehlen klarer Machtverhältnisse zwischen den beteiligten Unternehmen,
		  o Differenzen hinsichtlich der Ziele und Vorgehensweisen der IV-Integration,
		  o das Fehlen präziser und realistischer Terminvorgaben.
		• Anhand dieser drei Risikofaktoren klassifiziert die Autorin IV-Integrationssituationen; sie belegt, dass sich in Abhängigkeit vom Risikopotenzial einer Transaktion unterschiedliche Arten der Zusammenarbeit im Integrationsprozess als effektiv erweisen:
		  o bei klarer Dominanz eines Unternehmens: einseitige Entscheidungsfindung,
		  o bei ausgeglichenen Machtverhältnissen und Zielübereinstimmung: Kooperation,
		  o bei ausgeglichenen Machtverhältnissen, Nichtübereinstimmung, aber präzisen Terminvorgaben: Kollaboration,
		  o treten alle Risikofaktoren gleichzeitig auf, ist ein effektiver Prozess nicht möglich.
		• Als Schlussfolgerung wird gezogen, dass effektive IV-Integration der Bestimmung einer glaubwürdigen Führungspersönlichkeit bedarf, welche den Prozess rational im Sinne der Unternehmensziele gestaltet, d. h. machtpolitisch motivierte Widerstände überwindet und dabei klare terminliche Vorgaben setzt.

BUCK-LEW ET AL. (1992)	• Fallstudie
	• Erhebungsverfahren und –zeitraum unbekannt
	• 1 Transaktion
	• 2 US-amerikanische Handelsunternehmen
	• Vollzug späte 80er Jahre
		• Die Autoren plädieren dafür, die IV der beteiligten Unternehmen vor Vertragsabschluss genauso intensiv zu betrachten, wie z. B. strategische oder finanzielle Fragestellungen; sie sehen dies als Voraussetzung dafür,
		  o die Qualität der vom potentiellen Partner zur Verfügung gestellten Informationen einzuschätzen und in der Ermittlung des Unternehmenswerts zu berücksichtigen,
		  o unterstützende bzw. hemmende Einflüsse existierender IV-Infrastrukturen auf den Integrationsprozess zu identifizieren.
		• Es wird empfohlen, anhand einer 19 Kriterien umfassenden Checkliste Informationsqualität und –infrastrukur der beteiligten Unternehmen zu bewerten sowie diese Einzelbewertungen zu einer summarischen Beurteilung der IV-Position jedes Unternehmens zu verdichten.
		• Aus der Relation der IV-Position der beteiligten Unternehmen leiten die Autoren den Integrationsansatz für die gesamte IV-Infrastruktur ab:
		  o Best-of-breed (v. a. bei Verknüpfung IV-starker Unternehmen)
		  o Schnittstellen (v. a. bei Verknüpfung mittlerer IV-Positionen)
		  o Ablösung (v. a. bei Verknüpfung IV-schwacher Unternehmen)
		  o Selektion (bei sonstigen Verknüpfungen)

Tabelle I-1 Empirische Forschung zur IT-Integration bei Mergers & Acquisitions (Fortsetzung I)

Autoren und Quellen	Methodik/ Untersuchungsobjekte	Wesentliche Konzeptionen und Ergebnisse

MCKIERNAN UND MERALI (1993)	• Querschnittsuntersuchung
	• schriftliche Befragung
	• Erhebungszeitraum unbekannt
	• 16 Transaktionen
	• Maschinenbau, Finanzdienstleistungs- und Versicherungsunternehmen aus Großbritannien
	• Vollzug zwischen 1987 und 1990
		• Die Autoren differenzieren sechs Phasen im M&A-Prozess und beschreiben die Rolle der IV in jeder dieser Phasen:
		  o in nur 25 % der Transaktionen – allesamt der Finanzdienstleistungs- und Versicherungsbranche zuzuordnen – ist die IV-Funktion in die vorbereitenden Phasen personell eingebunden,
		  o in weniger als der Hälfte der M&A finden die IV-Inhalte in der Vorbereitung Berücksichtigung,
		  o eine Planung der IV-Integration vor Transaktionsvollzug findet in weniger als 25 % der betrachteten Fälle statt,
		  o IV-Integrationsplanung ist auch nach Transaktionsvollzug ausschließlich auf kurzfristige Synergierealisierung ausgerichtet, IV-strategische Planungen hingegen werden nicht durchgeführt,
		  o häufig wird ein langfristiger Parallelbetrieb redundanter, inkompatibler Anwendungssysteme aufrechterhalten,
		  o ein Review der IV-Integration findet nur in 13 % der Fälle statt.
		• Es werden die Schlussfolgerungen gezogen, dass
		  o IV-Integration durch die operativen Anforderungen der geschäftlichen Integration bestimmt ist,
		  o eine langfristige Ausrichtung der IV auf unternehmensstrategische Anforderungen nicht stattfindet
		  o hierin eine mangelnde IV-Reife des Managements zum Ausdruck kommt.

ELLIS UND PIRKO (1994)	• Fallstudie
	• persönliche Befragung (11 Interviews)
	• Erhebungszeitraum Juni-Juli 1994
	• 1 Transaktion
	• Systems Command (AFSC) und Logistics Command (AFLC) der US Air Force
	• Vollzug Juli 1992
		• Die Autoren entwickeln ein Planungs- und Implementierungsmodell, welches IV-Integration in sechs Betrachtungsebenen gliedert:
		  o aufbauorganisatorische Unternehmensstrukturen
		  o Geschäftsprozessoptimierung,
		  o Informations- und Datenfluss,
		  o kulturelle Faktoren,
		  o gemeinsame Technologien,
		  o gemeinsame Unternehmensziele.

JOHNSTON UND YETTON (1996)	• Fallstudie
	• persönliche Befragung (21 Interviews)
	• Erhebungszeitraum April-Mai 1992 und Februar-April 1994
	• 1 Transaktion
	• Commonwealth Bank of Australia und State Bank of Victoria (beide Australien)
	• Vollzug Januar 1991
		• Es wird eine Fit-Konzeption für die IV der an M&A beteiligten Unternehmen entwickelt. Anhand der IV-Dimensionen Strategie, Struktur, Prozesse, Systeme und Fähigkeiten unterscheiden die Autoren zwei idealtypische IV-Konfigurationen:
		  o IV Bürokratie (zentralisiert, standardisiert, kostengetrieben, etc.)
		  o divisionale IV (dezentralisiert, wenig standardisiert, geschäftsgetrieben, etc.)
		• Der Fit der IV-Konfiguration der an M&A beteiligten Unternehmen wird als dominanter Treiber des Integrationsansatzes identifiziert:
		  o entsprechen die IV-Konfiguration demselben Idealtypen, so raten die Autoren zur Best-of-breed Integration,
		  o entsprechen die IV-Konfigurationen unterschiedlichen Idealtypen, so wird eine Absorption empfohlen.

WEBER UND PLISKIN (1996)	• Querschnittsuntersuchung
	• schriftliche Befragung
	• Erhebungszeitraum 1988
	• 69 Transaktionen
	• 40 Banken und 29 sonstige Branchen, Erhebungsland unbekannt
	• Vollzug zwischen 1985 und 1987
		• Die Autoren unterscheiden die IV-Integrationsobjekte IV-Bereich und Finanzsysteme und leiten aus deren Integrationsgrad eine summarische Beurteilung der IV-Integrationsintensität einer Transaktion ab.
		• Den wirtschaftlichen Erfolg messen die Autoren, indem sie pro Transaktion vom jeweiligen Management zwölf Erfolgskriterien beurteilen lassen und diese zu einer Gesamtbewertung verdichten.
		• Als Ergebnis der empirischen Betrachtung wird
		  o eine signifikant höhere IV-Integrationsintensität für Banken als für Unternehmen anderer Branchen festgestellt,
		  o keine Korrelation von IV-Integrationsintensität und Transaktionserfolg ermittelt,
		  o durch lineare Regression die Hypothese gestützt, dass in Banken eine hohe IV-Integrationsintensität zum Transaktionserfolg beiträgt, dieser positive Effekt jedoch durch kulturelle Konflikte, welche im Zuge der intensiveren Zusammenarbeit aufbrechen, kompensiert wird.
		• Die Autoren schlussfolgern, die IV-Integration sei vorsichtig zu vollziehen, um nicht durch Kulturkonflikte zwischen den IV-Mitarbeitern der beteiligten Unternehmen den Transaktionserfolg zu gefährden.

Tabelle I-1 Empirische Forschung zur IT-Integration bei Mergers & Acquisitions (Fortsetzung II)

Autoren und Quellen	Methodik/ Untersuchungsobjekte	Wesentliche Konzeptionen und Ergebnisse

STYLIANOU ET AL. (1996)	• Querschnittsuntersuchung
	• schriftliche Befragung
	• Erhebungszeitraum unbekannt
	• 44 Transaktionen
	• US-amerikanische Unternehmen aller Branchen
	• Vollzug zwischen 1989 und 1991
		• Die Autoren definieren IV-Integrationserfolg als Konstrukt mit fünf Dimensionen:
		  o Nutzung von Transaktionspotenzialen,
		  o Vermeidung von Transaktionsproblemen,
		  o Erzielung von Anwenderzufriedenheit,
		  o Verbesserung der IV-Fähigkeiten,
		  o Effektivität und Effizienz der Nutzung von IV-Ressourcen.
		• Es wird ein situatives Beschreibungsmodell zu Grunde gelegt; die Autoren differenzieren insgesamt 84 Einflussfaktoren des IV-Integrationserfolges aus den vier Bereichen
		  o M&A-Prozess,
		  o IV-Integrationsprozess,
		  o Unternehmenseigenschaften,
		  o IV-Eigenschaften.
		• Korrelationsanalysen ergeben als Haupteinflussfaktoren des IV-Integrationserfolges:
		  o Transaktionserfahrung,
		  o Qualität des M&A-Planungsprozesses,
		  o personelle Einbindung der IV-Integration nach geschäftlichen Anforderungen,
		  o anwendungsübergreifender Datenaustausch.
		• Ebenfalls im Rahmen von Korrelationsanalysen werden als Haupteinflussfaktoren der Erfolgsdimensionen „Verbesserung der IV-Fähigkeiten" identifiziert:
		  o Top-Management Unterstützung der IV-Integration,
		  o Kommunikation zwischen IV- und Fachbereichen.
		• Die Autoren schließen, dass die wesentlichen Einflussfaktoren des IV-Integrationserfolges im Management des M&A- sowie des IV-Integrationsprozesses liegen und somit nicht extern vorgegeben, sondern für die beteiligten Unternehmen kontrollierbar sind.

GIACOMAZZI ET AL. (1997)	• Querschnittsuntersuchung
	• schriftliche Befragung
	• Erhebungszeitraum unbekannt
	• 38 Transaktionen
	• italienische Industrieunternehmen
	• Vollzug zwischen 1991 und 1994
		• Die Autoren unterscheiden die IV-Integrationsobjekte Software (SW) und Computerarchitektur (CA), anhand deren Verbindungsintensitäten sie zusammenfassend einen IV-Integrationsansatz als vollständig, partiell bzw. nicht erfolgt charakterisieren.
		• Es wird ein situatives Beschreibungsmodell zu Grunde gelegt; die Autoren differenzieren Einflussfaktoren des IV-Integrationsansatzes aus den vier Bereichen:
		  o Bindungsrichtung,
		  o aufbauorganisatorische Integration,
		  o Informationssystemanforderungen,
		  o sonstige Kontextfaktoren (Internationalität, existierende IV-Ressourcen etc.)
		• Faktoranalysen weisen Einfachheit der Integration und Unterschiedlichkeit der Managementanforderungen als wesentliche Einflussfaktoren des Integrationsansatzes aus:
		  o je einfacher die IV-Integration, desto vollständiger,
		  o je unterschiedlicher die Managementanforderungen, desto wahrscheinlicher eine vollständige Integration der CA bei partieller Integration der SW.
		• Es wird ein Entscheidungsbaum zur Bestimmung des IV-Integrationsansatzes in M&A empfohlen; Einflussfaktoren sind demnach in absteigender Wichtigkeit:
		  o Bindungsrichtung
		  o Ähnlichkeit der Geschäfte,
		  o Internationalität,
		  o aufbauorganisatorische Integration,
		  o existierende IV-Ressourcen,
		  o Informationssystemanforderungen.
		• Mit diesem Entscheidungsunterstützungsmodell erklären die Autoren ex post für 82 % der von ihnen betrachteten Fälle den jeweiligen IV-Integrationsansatz.

COUTURIER UND KUMBAT (2000)	• Fallstudie • Erhebungsverfahren und –zeitraum unbekannt • 1 Transaktion • 2 US-amerikanische Versorgungsunternehmen • Bekanntgabe November 1996	• Die Senkung der IV-Kosten stellt eines der bedeutendsten Einsparpotenziale der betrachteten Transaktion dar und führt zur Konsolidierung von Hardware, Systemsoftware und Anwendungssystemen sowie zur Vollverschmelzung der IV-Organisationen. • Im Zuge der organisatorischen Verschmelzung ist geplant, die in beiden Unternehmen eingesetzten, retroaktiven Umlageverfahren der Kostenrechnung durch eine proaktive, verbrauchsbasierte Methodik abzulösen.

Tabelle I-1 Empirische Forschung zur IT-Integration bei Mergers & Acquisitions (Fortsetzung III)

Verwendete Quellen von KROMER (2001, S. 82-90):

Bohl, Don (Hrsg.) (1989): Tying the corporate knot: An American Management Association research report on the effects of mergers and acquisitions. AMA Membership Division, New York.

Buck-Lew, M.; Pliskin, N.; Wardle, C. (1992): Accounting for information technology in corporate acquisitions. In: Information & Management (1992) 22, S. 363-369.

Couturier, G. W.; Koller, T.; Murrin, J. (1996): Information technology costing methodology development after a corporate merger. In: Industrial Management & Data Systems (2000) 1, S. 10-16.

Ellis, J. A.; Pirko, M. T. (1994): A Model for Merging Information Systems: A Case Study of the Air Force Material Command Merger. Unveröffentlichte Masterarbeit, Air Force Institute of Technology, Wright-Patterson Air Force Base.

Giacomazzi, F.; Panella, C.; Pernici, B.; Sansoni, M. (1997): Information systems integration in mergers and acquisitions: A normative model. In: Information & Management (1997) 32, S. 289-302.

Johnston, K. D.; Yetton, P. W. (1996): Integrating information technology divisions in a bank merger: Fit, compatibility and models of change. In: Journal of Strategic Information Systems 5 (1996) 3, S. 189-211.

Linder, Jane C. (1989): Integrating Organizations where Information Technology Matters. Unveröffentlichte Doktorarbeit, Harvard Business School, Cambridge.

Main T. J.; Short J. E. (1989): Managing the merger: Building partnership through IT planning at the new Baxter. In: MIS Quarterly 13 (1989) 4, S. 469-484.

McKiernan, P.; Merali, Y. (1995): Integrating information systems after a merger. In: Long Range Planning 28 (1995) 4, S. 54-62.

Stylianou, A. C.; Jeffries, C. J.; Robbins, S. S. (1996): Corporate mergers and the problems of IS integration. In: Information & Management (1996) 31, S. 203-213.

Weber, Y.; Pliskin, N. (1996): The effects of information systems integration and organizational culture on a firm's effectiveness. In: Information & Management (1996) 30, S. 81-90.

Literatur

Achleitner, Ann-Kristin (2001): Handbuch Investmentbanking. 2. Aufl., Gabler Verlag, Wiesbaden.

Aier, Stephan; Schönherr, Marten (Hrsg.) (2004): Enterprise Application Integration – Flexibilisierung komplexer Unternehmensarchitekturen. 1. Aufl., GITO-Verlag, 2004.

Ansoff, Harry Igor (1965): Corporate Strategy. McGraw-Hill, New York.

Ansoff, Harry Igor; Weston, Fred (1962): Merger Objectives and Organization Structure. In: Review of Economics and Business Vol. 2 (1962) No. 3, S. 49-58.

Anthes, Gary H. (1998): Mergers made easier. In: Computerworld 32 (1998) 24, S. 68-70.

ARD (Hrsg.) (2006): Fusionitis macht Kurse. http://boerse.ard.de/content.jsp?key=dokument_188630, Abruf am 2008-01-15.

A. T. Kearney (Hrsg.) (1999): Corporate Marriage: Blight or Bliss? A Monograph on Post-Merger Integration. A. T. Kearney, Chicago.

Atkinson, P. (1990): Nova Corp: Joins IS and corporate goals. In: Canadian Datasystems 22 (1990) 9, S. 42-43.

Bain, Joe S. (1956): Barriers to New Competition: Their Character and Consequences in Manufacturing Industries. Harvard University Press, Cambridge.

Balling, Richard (1997): Kooperation: Strategische Allianzen, Netzwerke, Joint-Ventures und andere Organisationsformen zwischenbetrieblicher Zusammenarbeit in Theorie und Praxis. Peter Lang GmbH, Frankfurt am Main.

Bartholomew, D. (1998): Beware the merger boar. In: Industry-Week (1998) 18, S. 37.

BCG (Hrsg.) (1970): The Product Portfolio. http://www.bcg.com/publications/files/Product_Portfolio_Jan1970.pdf, Abruf am 2001-03-29.

Bea, Franz Xaver; Haas, Jürgen (2005): Strategisches Management. Lucius & Lucius, Stuttgart.

Becker, Jörg (1991): CIM-Integrationsmodell – Die EDV-gestützte Verbindung betrieblicher Bereiche. Springer Verlag, Berlin.

Behrens, Rolf; Merkel, Reiner (1990): Mergers & Acquisitions: Das Milliardengeschäft im gemeinsamen europäischen Markt. Schäffer-Poeschel Verlag, Stuttgart.

Berens, Wolfgang; Brauner, Hans U.; Strauch, Joachim (Hrsg.) (2005): Due Dilligence bei Unternehmensakquisitionen. 4. Aufl., Schäffer-Poeschel Verlag, Stuttgart.

Berens, Wolfgang; Mertes, Martin; Strauch, Joachim (2005a): Unternehmensakquisitionen. In: BERENS ET AL. 2005, S. 25-74.

Biberacher, Johannes (2003): Synergiemanagement und Synergiecontrolling. Verlag Franz Vahlen, München.

Bielenberg, Kai (2006): Merger zweier Kulturen – Ein Erfahrungsbericht der Fusion von Hewlett-Packard und Compaq. In: SEIDENSCHWARZ 2006, S. 125-161.

Bitz, Michael; Domsch, Michel; Ewert; Wagner, Franz W. (Hrsg.) (2005): Vahlens Kompendium der Betriebswirtschaftslehre Band 2. 5. Aufl., Verlag Franz Vahlen, München.

Blackman, Kenneth R. (1998): Technical Note – IMS celebrates thirty years as an IBM product. http://www.research.ibm.com/journal/sj/374/blackman.html, Abruf am 2008-04-04.

Blöcher, Annette (2002): Due Dilligence und Unternehmensbewertung im Akquisitionsprozess. In: SCOTT 2002, S. 29-51.

Bowen, Ted S. (2000): Plugging IT into the merger equation. In: Info World 22 (2000) 17, S. 40-44.

Bresnick, Peggy (1998): IT strategies in the age of the megamerger. In: Insurance and Technology 23 (1998) 7, S. 42.

Brockhaus (2007): Brockhaus – Die Enzyklopädie in 30 Bänden. 21. Aufl., Brockhaus GmbH, Leipzig.

BSI (Hrsg.) (2007): M 1 Maßnahmenkatalog Infrastruktur – IT-Grundschutz-Kataloge – 9. EL Stand 2007. http://www.bsi.bund.de/gshb/deutsch/m/m01.htm, Abruf am 2008-06-17.

Buchta, Dirk; Eul, Marcus; Schulte-Croonenberg, Helmut (2005): Strategisches IT-Management. Gabler Verlag, Wiesbaden.

Buhl, Hans Ulrich (1999): Hans-Gert Penzel: Interviewt von Hans Ulrich Buhl. In: WIRTSCHAFTSINFORMATIK 41 (1999) 2, S. 69-87.

Buono, Anthony F.; Bowditch, James L. (1989): The Human Side of Mergers and Acquisitions: Managing Collisions between People, Cultures and Organizations. Beard Books, San Francisco.

Carlyle, Ralph E. (1986): Mergers: A raw deal for MIS?. In: Datamation 32 (1986) 18, S. 60-64.

Cartwright, Sue; Cooper, Cary L. (1992): Mergers & Acquisitions: The Human Factor. Butterworth Ltd., Oxford.

Chatham, Bob.; Edwards, B.; Maney, R.; Sawyer, J. (1997): Leadership strategy. In: The Forrester Report 2 (1997) 5.

Chatham, Bob (1998): Mergers, acquisitions and saving IT dollars. In: CIO Magazine 11 (1998) 11, S. 62-64.

Child, John; Faulkner, David O.; Pikethly, Robert (2001): The Management of International Acquisitions. 1. Aufl., Oxford University Press, New York.

CHIP (Hrsg.) (2000): Musikindustrie entdeckt langsam das Internet. http://archiv.chip.de/news/c1_archiv_news_stories_17493061.html, Abruf am 2008-04-10.

Coase, Ronald (1937): The Nature of the Firm. In: Economica Vol. 4 (1937), S. 386-405.

Commons, John R. (1924): Legal Foundations of Capitalism. University of Wisconsin.

Corsten, Hans (1998): Grundlagen der Wettbewerbsstrategie. B. G. Teubner, Stuttgart.

Courth, Lambert; Marschmann, Bernd; Kaemper, Matthias; Moscho, Alexander (2008): Spannungsfeld zwischen Geschwindigkeit und Best-in-Class-Ansätzen – PMI am Beispiel der Bayer-Schering-Übernahme. In: M&A Review (2008) 1, S. 8-14.

Debus, T. (1998): Die richtige Fusionierungsstrategie macht's. In: it Management 5 (1998) 4, S. 34-38.

Dier, Mirko; Eckert, Roland (2008): Cross-Border M&A in Europa – Wie die Besten die Integrationsherausforderungen bewältigen. In: M&A Review (2008) 2, S. 78-84.

Duden (2001): Duden – Wörterbuch der New Economy. Dudenverlag, Mannheim.

Duttenhofer, Joachim (1985): Differenzierung und Integration: Grundlagen der Organisationsforschung. Verlag Peter Lang, Frankfurt am Main.

Eckhouse, John (1998): To navigate an M&A payoff. In: InformationWeek 2 (1998) 09. November, S. 103.

Farhadi, Mehdi; Tovstiga, George (2008): Kommunikation in M&A-Transaktionen – Ereignisse und Herausforderungen. In: M&A Review (2008) 4, S. 186-193.

Feldman, Mark L.; Spratt, Michael F. (2000): Speedmanagement bei Fusionen – schnell entscheiden, handeln, integrieren: Über Frösche, Hasenfüße und Hasardeure. Gabler Verlag, Wiesbaden.

Ferstl, Otto (1992): Integrationskonzepte betrieblicher Anwendungssysteme. In: Fachbericht Informatik der Universität Koblenz-Landau (1992), S. 1-29.

Fischer, Johannes; Wirtgen, Jörg (2000): Post Merger Integration Management. Berlin Verlag, Berlin.

Galpin, Timothy; Herndon, Mark. (2000): The Complete Guide to Mergers & Acquisitions – Process Tools to Support M&A Integration at Every Level. Jossey Bass, San Francisco.

Gerpott, Torsten J. (1993): Integrationsgestaltung und Erfolg von Unternehmensakquisitionen. Schäffer-Poeschel, Stuttgart.

Gösche, Axel (1991): Mergers & Acquisitions im Mittelstand: Unternehmen und Beteiligungen gezielt kaufen und verkaufen: Planung, Strategie, Durchführung, Integration. Gabler Verlag, Wiesbaden.

Gora, Walter; Bauer, Harald (Hrsg.) (2001): Virtuelle Organisationen im Zeitalter von E-Business und E-Government: Einblicke und Ausblicke. Springer Verlag, Berlin.

Gora, Walter; Scheid, Eva Maria (2001): Organisation auf dem Weg zur Virtualität. In: GORA und BAUER 2001, S. 9-24.

Grant, Robert (1996): Towards a Knowledge-based Theory of the Firm. In: Strategic Management Journal (1996) Vol. 17, S. 109-122.

Grimpe, Christoph (2007): Weltweite M&A-Aktivitäten weiterhin auf hohem Niveau. In: M&A Report (2007) Oktober, S. 3.

Gronau, Norbert (1999): Management von Produktion und Logistik mit SAP R/3. 3. Aufl., Oldenbourg Verlag, München.

Grudowski, Stefan (1995): Informationsmanagement und Unternehmenskultur. Freie Universität Berlin, Berlin.

Gulati, Nav (2002): Capturing sustainable merger synergy by optimizing your IT infrastructure. http://www-935.ibm.com/services/us/its/pdf/itinfraopt.pdf, Abruf am 2008-06-13.

Hase, Stefan (1996): Integration akquirierter Unternehmen: Planung, Konzeption, Bewertung und Kontrolle. Verlag Wissenschaft & Praxis, Berlin.

Haspeslagh, Phillipe C.; Jeminson, David B. (1991): Managing Acquisitions: creating value through corporate renewal. The Free Press, New York.

Heisse, Matthias (2006): Der M&A-Prozess aus juristischem Blickwinkel. In: SEIDENSCHWARZ 2006, S. 61-86.

Heilmann, Heidi (1989): Integration: Ein zentraler Begriff der Wirtschaftsinformatik im Wandel der Zeit. In: HMD 26 (1989) 150, S. 46-58.

Heinrich, Lutz J. (1999): Informationsmanagement: Planung, Überwachung und Steuerung der Informationsinfrastruktur.6. Aufl., Oldenbourg Verlag, München.

Heinrich, Lutz J. (2002): Informationsmanagement: Planung, Überwachung und Steuerung der Informationsinfrastruktur. 7. Aufl., Oldenbourg Verlag, München.

Henderson, John C.; Venkatraman, N. (1993): Strategic Alignment: Leveraging Information technology for transforming organizations. In: IBM Systems Journal 38 (1993), S. 472-484.

Henzler, Herbert (Hrsg.) (1988): Handbuch Strategische Führung. Gabler Verlag, Wiesbaden.

Hesselink, Irina (1999): Den Mut haben, Kompromisse so spät wie möglich zu schließen. In: Computerwoche 26 (1999) 47, S. 65-67.

Hölz, Martin (1997): Anwendungssystemplanung im Großunternehmen: Bestandsaufnahme und Entwicklungstendenzen. Gabler Verlag, Wiesbaden.

Hövelmanns, Norbert; Baumgart, Werner (1999): Merger erfolgreich gestalten. In: Diebold Management Report (1999) 1, S. 12-15.

Hoffman, Thomas (1998): Merger lesson: IT targets often elusive. In: Computerworld 32 (1998) 36, S. 1-24.

Holey, Thomas; Welter, Günter; Wiedemann, Armin (2007): Wirtschaftsinformatik. 2. Aufl., Kiehl Verlag, Ludwigshafen.

Holzwart, G. (2000): IT und die Mergermania: Für Demokratie ist hier kein Platz. In: Computerwoche 27 (2000) 4, S. 56.

Hopfenbeck, Waldemar (2000): Allgemeine Betriebswirtschafts- und Managementtheorie – Das Unternehmen im Spannungsfeld zwischen ökonomischen, sozialen und ökologischen Interessen. 13. Aufl., Verlag Moderne Industrie, Landsberg.

Hornke, Matthias; Menke, Jan-Philipp (2008): Brückenschlag zwischen IT-Due-Diligence und IT-Post-Merger-Integration. In: Controlling (Februar 2008) Heft 2, S. 89-96

Horton, Len (1989): Merging data centers pose challenge to MIS: banks with acquisition strategies must accommodate data processing. In: Software Magazine (1989) Februar, S. 71-72.

Hungenberg, Harald (2006): Strategisches Management in Unternehmen: Ziele – Prozesse – Verfahren. 4. Aufl., Gabler Verlag, Wiesbaden.

Jaeger, Michael (2001): Personalmanagement bei Mergers & Acquisitions. Luchterhand Verlag, Neuwied.

Jansen, Stephan A. (1998): Mergers & Acquisitions – Unternehmensakquisitionen und –kooperationen. Gabler Verlag, Wiesbaden.

Jansen, Stephan A.; Kuklinski, Jan; Lowinski, Felix; Thomas, Thomas W.; Renziehausen, Jan; Rettig, Johannes; Stallmann, Carlo (2004): M&A-Strategien und Übernahmewellen: Die Zukunft des M&A-Marktes. Studie des Institutes für Mergers & Acquisitions (IMA) an der Universität Witten/Herdecke.

Jensen, Michael C.; Meckling, William H. (1976): Theory of the Firm: Managerial Behavior, Agency Costs and Ownership Structure. In: Journal of Financial Economics Vol. 3 (1976) No. 4, S. 305-360.

Johnson, Mark P. (1989): Compatible information systems a key to merger success. In: Healthcare Financial Management 43 (1989) 3, S. 56-61.

Kelch, Johannes (1999): Zusammenwachsen wurde von IT- und speziellen Fusions-Managern gesteuert. In: Computerwoche 26 (1999) 47, S. 62-64.

KLUGE (2002): Etymologisches Wörterbuch der deutschen Sprache. 24. Aufl., De Gruyter Verlag, Berlin.

Knyphausen-Aufsess, Dodo zu (1995): Theorie der strategischen Unternehmensführung: state of the art und neue Perspektiven. Gabler Verlag, Wiesbaden.

Koch, Thomas (2002): Post-Merger-Management. In: PICOT 2002, S. 383-406.

Köhler, Matthias; Eck, Katharina (2007): Europas Banken im Umbruch. In: M&A Report (2007) Oktober, S. 1.

KPMG (Hrsg.) (2000): Merger & Acquisition Integration: A Business Guide. KPMG Consulting.

Kräkel, Matthias (2007): Organisation und Management. 3. Aufl., Mohr Siebeck, Tübingen.

Krcmar, Helmut (2003): Informationsmanagement. 3. Aufl., Springer Verlag, Berlin.

Kreikebaum, Hartmut (1975): Einführung in die Organisationslehre. Gabler Verlag, Wiesbaden.

Kromer, Gerald (2001): Integration der Informationsverarbeitung in Mergers & Acquisitions: eine empirische Untersuchung. Josef Eul Verlag, Lohmar.

Kromer, Gerald; Stucky, Wolffried (2001): Zielsetzungen und Erfolge der Integration der Informationsverarbeitung in Mergers & Acquisitions. In: RICHTER (2001), S. 19-39.

Kutschker, Michael (Hrsg.) (1998): Integration in der internationalen Unternehmung. Gabler Verlag, Wiesbaden.

Laudon, Kenneth C.; Laudon, Jane P.; Schoder, Detlef (2006): Wirtschaftsinformatik: Eine Einführung. Pearson Studium, München.

Lehner, Franz; Maier, Ronald; Hildebrand, Knut (1995): Wirtschaftsinformatik: Theoretische Grundlagen. Hanser Verlag, München.

Lenz, Richard (2001): Aspekte der Integration von Informationssystemen. http://www.uni-mainz.de/FB/Medizin/Radiologie/agit/veranstaltung/pdf/lenz_handout.pdf, Abruf am 2008-05-14.

Letz, Herwig (1998): Die Integration unterschiedlicher Unternehmenskulturen – am Beispiel BMW. In: KUTSCHKER 1998, S. 51-60.

Linß, Heinz (1995): Integrationsabhängige Nutzeffekte der Informationsverarbeitung. Deutscher Universitätsverlag, Wiesbaden.

Lucks, Kai; Meckl, Reinhard (2002): Internationale Merger und Acquisitions: Der prozessorientierte Ansatz. Springer Verlag, Berlin.

Luftman, Jerry N. (Hrsg.) (2003): Competing in the Information Age: align in the sand. 2. Aufl., Oxford University Press, New York.

Luftman, Jerry N. (2003a): Assessing Strategic Alignment Maturity. In: LUFTMAN 2003, S. 15-48.

Markowitz, Harry M. (1952): Portfolio Selection. In: The Journal of Finance Vol. VII (1952) No. 1, S. 77-91.

Masak, Dieter (2006): IT-Alignment: IT-Architektur und Organisation. Springer Verlag, Berlin.

Mason, Edward S. (1949): The Current State of the Monopoly Problem in the United States. In: Harvard Law Review (1949) No. 62, S. 1265-1285.

McWilliams, Gary (1988): IS development is being pinched as mergers continue. In: Datamation 34 (1988) 4, S. 54-62.

Meckl, Reinhard; Sodeik, Nicole; Fischer, Lars-J. (2006): Erfolgsfaktoren für Mergers & Acquisitions – Ergebnisse einer empirischen Studie. In: SEIDENSCHWARZ 2006, S. 163-182.

Meerkatt, Heino; Roos, Alexander; Wieland, Aglaia (2004): Strategische Aspekte von M&A-Transaktionen. In: TRIEBEL 2004, S. 3-30.

Mertens, Peter (2005): Integrierte Informationsverarbeitung 1 – Operative Systeme in der Industrie. 15. Aufl., Gabler Verlag, Wiesbaden.

Mertens, Peter; Bodendorf, Freimut; König, Wolfgang; Picot, Arnold; Schumann, Matthias; Hess, Thomas (2005): Grundzüge der Wirtschaftsinformatik. 9. Aufl., Springer Verlag, Berlin.

Mintzberg, Henry (1991): Mintzberg über Management: Führung und Organisation, Mythos und Realität. Gabler Verlag, Wiesbaden.

Müller, Ralph (1999): Nach der Fusion: Höchste Priorität hat die Wahl der Ziel-Systemplattform. In: Computerwoche 26 (1999) 47, S. 60.

Müller-Böling, Detlef (1978): Arbeitszufriedenheit bei automatisierter Datenverarbeitung – Eine empirische Analyse zur Benutzeradäquanz computergestützter Informationssysteme. Oldenbourg Verlag, München.

Müller-Stewens, Günter; Spickers, Jürgen; Deiss, Christian (1999): Mergers & Acquisitions: Markttendenzen und Beraterprofile. Schäffer-Poeschel, Stuttgart.

Müller-Stewens, Günter; Lechner, Christoph (2005): Strategisches Management – Wie strategische Initiativen zum Wandel führen. 3. Aufl., Schäffer-Poeschel, Stuttgart.

Napier, Nancy. K., Simmons, Glen, Stratton, Kay (1989): Communication during a merger: The experiment of two banks. In: Human Resource Planning Vol.12 (1989) No. 2, S. 105-122.

Nienhüser, Werner; Jans, Manuel (2004): Grundbegriffe und Grundideen der Transaktionskostentheorie – am Beispiel von „Make-or-Buy"-Entscheidungen über Weiterbildungsmaßnahmen. http://www.uni-essen.de/personal/GrundbegriffeTAKT.pdf, Abruf am 2008-03-06.

Nokia (Hrsg.) (2008): Nokia plant den Standort Bochum zu schließen. http://www.nokia.de/A4433843?newsid=-11288, Abruf am 2008-03-27.

Nolde, Dirk (2007): Wie die "Hochzeit im Himmel" scheiterte. http://www.welt.de/wirtschaft/article871657/Wie_die_Hochzeit_im_Himmel_scheiterte .html, Abruf am 2008-06-03.

n-tv (Hrsg.) (2008): Fusionen rücken näher – Bewegung bei Banken. http://www.n-tv.de/968744.html, Abruf am 2008-06-17.

Österle, Hubert; Brenner, Walter; Hilbers, Konrad (1992): Unternehmensführung und Informationsystem - Der Ansatz des St.Galler Informationssystem-Managements. Teubner, Wiesbaden.

Pack, Heinrich (2002): Due Dilligence. In: PICOT 2002, S. 267-300.

Paprottka, Stephan (1996): Unternehmenszusammenschlüsse: Synergiepotentiale und ihre Umsetzungsmöglichkeiten durch Integration. Gabler Verlag, Wiesbaden.

Penrose, Edith (1959): The Theory of the Growth of the Firm. Oxford University Press, London.

Picot, Gerhard; Land, Volker; Vondenhoff-Mertens, Renate; Jansen, Stephan A.; Aleth, Franz; Jaques, Henning; Schnitker, Elmar; Edelkötter, Frank (1999): Mergers & Acquisitions optimal managen (Folge 1-12). In: Handelsblatt Nr. 35, 50, 60, 73, 83, 92, 101, 110, 120, 130, 140,150 (1999), S. K03.

Picot, Gerhard (2000): Hohes Fusionsfieber lässt die Sorgfalt bei der Unternehmensprüfung schwinden. In: Frankfurter Allgemeine Zeitung (18.10.2000) Nr. 242, S. 49.

Picot, Gerhard (Hrsg.) (2002): Handbuch Mergers & Acquisitions – Planung, Durchführung, Integration. 2. Aufl., Schäffer-Poeschel Verlag, Stuttgart.

Picot, Gerhard (2002a) : Wirtschaftliche und wirtschaftsrechtliche Aspekte bei der Planung der Mergers & Acquisitions. In: PICOT 2002, S. 3-37.

Picot, Gerhard (Hrsg.) (2003): Handbuch Mergers & Acquisitions – Planung, Durchführung, Integration. 3. Aufl., Schäffer-Poeschel Verlag, Stuttgart.

Picot, Gerhard (2003a) : Wirtschaftliche und wirtschaftsrechtliche Aspekte bei der Planung der Mergers & Acquisitions. In: PICOT 2003, S. 3-40.

Picot, Arnold (2005): Organisation. In: BITZ ET AL. (2005), S. 43-122.

Polanyi, Michael (1958): Personal Knowledge: Towards a Post-Critical Philosophy. The University of Chicago Press, Chicago.

Porter, Michael E. (1980): Competitive Strategy: Techniques for Analyzing Industries and Competitors. The Free Press, New York.

Porter, Michael E. (1985): Competitive Advantage: Creating and Sustaining Superior Performance. The Free Press, New York.

Porter, Michael E. (1990): Wettbewerbsstrategie: Methoden zur Analyse von Branchen und Konkurrenten. 6. Aufl., Campus Verlag, Frankfurt.

Porter, Michael E. (2000): Wettbewerbsvorteile: Spitzenleistungen erreichen und behaupten. 6. Aufl., Campus Verlag, Frankfurt.

Pratt, John W.; Zeckhauser, Richard J. (1985): Principals and Agents: The Structure of Business. Harvard Business School Press, Boston.

Pribilla, Peter (2002): Personelle und kulturelle Integration. In: PICOT 2002, S. 429-471.

PricewaterhouseCoopers (Hrsg.) (2000): Speed Makes the Difference: A Survey of Mergers and Acquisitions. http://www.pwc.com/servlet/pwcPrintPreview?LNLoc=/extweb/pwcpublications.nsf/do cid/695512963F0C5C4F852570CA00178D40, Abruf am 2008-01-22 (Abruf kostenpflichtig).

Rasche, Christoph (1994): Wettbewerbsvorteile durch Kernkompetenzen: Ein ressourcenorientierter Ansatz. Deutscher Universitätsverlag, Wiesbaden.

Reißner, Stefan (1992): Synergiemanagement und Akquisitionserfolg. Gabler Verlag, Wiesbaden.

Reiss, Michael; von Rosenstiel, Lutz; Anette Lanz (1999): Change Management: Programme, Projekte und Prozesse. Schäffer-Poeschel Verlag, Stuttgart.

Rentrop, Christopher Enrique (2004): Informationsmanagement in der Post-Merger Integration. Erich Schmidt Verlag, Berlin.

Richter, Reinhard (Hrsg.) (2001): Management und Controlling von IT-Projekten. d-punkt Verlag, Heidelberg.

Richter, Rudolf; Furubotn, Eirik G. (2003): Neue Institutionenökonomik – Eine Einführung und kritische Würdigung. 3. Aufl., Mohr Siebeck, Tübingen.

Rigall, Juan; Hornke Matthias (2007): Post Merger Integration: Synergiehebel Informationstechnologie. In: M&A Review (2007) 11, S. 496-502.

Robert, Jann (2002): IT-Systemintegration bei Unternehmensfusionen. 1. Aufl., Josef Eul Verlag, Köln.

Rock, Milton L. (Hrsg.) (1987): The Mergers and Acquisitions Handbook. McGraw-Hill, New York.

Rödder, Thomas; Hötzel, Oliver; Mueller-Thuns, Thomas (2003): Unternehmenskauf / Unternehmensverkauf – Zivil- und steuerrechtliche Gestaltungspraxis. Verlag C. H. Beck oHG, München.

Ropella, Wolfgang (1989): Synergie als strategisches Ziel der Unternehmung. Walter de Gruyter, Berlin.

Ross, Stephan A. (1973): The Economic Theory of Agency: The Principal's Problem. In: American Economic Review Vol. 63 (1973), S. 134-139.

SAP AG (Hrsg.) (2008): SAP Deutschland – SAP-ERP-Funktionen. http://www.sap.com/germany/solutions/business-suite/erp/featuresfunctions/index.epx, Abruf am 2008-05-12.

Schaper-Rinkel, Wulf (1998): Akquisitionen und strategische Allianzen: alternative, externe Wachstumswege. Deutscher Universitäts-Verlag GmbH, Wiesbaden.

Scheer, August-Wilhelm (1990): EDV-orientierte Betriebswirtschaftslehre – Grundlagen für ein effizientes Informationsmanagement. 4. Aufl., Springer Verlag, Berlin.

Schumann, Matthias (1992): Betriebliche Nutzeffekte und Strategiebeiträge der großintegrierten Informationsverarbeitung. Springer Verlag, Berlin.

Scott, Cornelia (Hrsg.) (2002): Due Dilligence in der Praxis – Risiken minimieren bei Unternehmenstransaktionen. 1. Aufl., Gabler Verlag, Wiesbaden.

Seidenschwarz, Werner (Hrsg.) (2006): Prozessorientiertes M&A-Management – Strategien, Prozesse, Erfolgsfaktoren. 1. Aufl., Vahlen Verlag, München.

Seidenschwarz, Werner (2006a): Sicherung eines nachhaltigen Akquisitionserfolges durch Anwendung des Ansatzes *from idea to value*®. In: SEIDENSCHWARZ 2006, S. 1-42.

Simmons, Andrew (2007): Personalmanagement bei Fusion und Übernahme – Der 5-Phasen-Plan zum Erfolg. In: M&A Review (2007) 6, S. 293-294.

Smaczny, Tomasz (2001): Is an alignment between business and Information Technology the appropriate paradigm to manage IT in today's organizations? In: Management Decsions Vol. 29 (2001) No. 10, S. 797-802.

Söbbing, Thomas (2007): IT Rechtliche Aspekte bei M&A. In: M&A Review (2007) 4, S. 166–172.

SPD (Hrsg.) (2001): Bericht der Kommission Internationale Finanzmärkte von SPD-Parteivorstand und SPD-Bundestagsfraktion - Bundesparteitag Nürnberg 19. -22. November 2001. http://2001.spd-parteitag.de/servlet/PB/show/1079936 /internationale_finanzmaerkte.pdf, Abruf am 2008-03-27.

Sperling, Sven (2007): Konzeption einer Methode zum Integrationsmanagement bei Unternehmenszusammenschlüssen auf der Basis von multiperspektivischen Unternehmensmodellen. Logos Verlag, Berlin.

Spinner, Karen (1998): Merging IT systems. In: Global Finance (1998) 2, S. 57-58.

Stahlknecht, Peter; Hasenkamp, Ulrich (2005): Einführung in die Wirtschaftsinformatik. 11. Aufl., Springer Verlag, Berlin.

Tagesschau (Hrsg.) (2006): Google schluckt Videoportal YouTube. http://www.tagesschau.de/wirtschaft/meldung93966.html, Abruf am 2008-05-21.

Tandler, Sebastian; Adlmanninger, Udo (2007): Unternehmensfusionen unter dem Blickwinkel der IT-Sicherheit. In: M&A Review (2007) 4, S. 161-165.

Tiemeyer, Ernst (Hrsg.) (2007): Handbuch IT-Management – Konzepte, Methoden, Lösungen und Arbeitshilfe für die Praxis. Carl Hanser Verlag, München.

Tiemeyer, Ernst (2007a): IT-Management – Herausforderungen und Rollenverständnis heute. In: TIEMEYER 2007, S. 1-36.

Triebel, Volker (Hrsg.) (2004): Mergers & Acquisitions: Strategie – Steuern – Recht. Verlag Recht und Wirtschaft GmbH, Heidelberg.

UmwG (1994): Deutsches Umwandlungsgesetz vom 28. Oktober 1994 (BGBl. I S. 3210, (1995, 428)), zuletzt geändert am 19. April 2007 (BGBl. I S. 542). http://www.gesetze-im-internet.de/bundesrecht/umwg_1995/gesamt.pdf, Abruf am 2008-04-03.

Vaubel, Dirk; Herbes, Carsten (2007): M&A in Japan: Kulturspezifische Voraussetzungen für eine erfolgreiche Integration. In: M&A Review (2007) 11, S. 485-489.

Vielba, Frank; Vielba, Carol (2006): Reducing the M&A Risks - The Role of IT in Mergers and Acquisitions. Palgrave Macmillan, Hampshire.

Vogel, Dieter H. (2002): M&A – Ideal und Wirklichkeit. Gabler Verlag, Wiesbaden.

Weill, Peter; Broadbent, Marianne (1998): Leveraging the New Infrastructure: How Market Leaders Capitalize on Information Technology, Harvard Business School Press, Boston.

Wels, Thomas (2007): Die Stahl-Fusionitis hält an.
http://www.derwesten.de/nachrichten/nachrichten/wirtschaft-und-
finanzen/2007/6/25/news-970426/detail.html, Abruf am 2008-01-15.

Wick, Marco (2004): Mergers & Acquisitions – Erfolgreich durch Projektmethodik für
IT-Integration. http://downloads.brainguide.com/publications/PDF/pub5764.pdf,
Abruf am 2008-01-23.

Willers, Hans; Siegert, Theo (1988): Mergers & Acquisitions - Ein strategisches
Instrument. In: HENZLER (1988), S. 259-275.

Williamson, Oliver E. (1985): The economic institutions of capitalism: firms, markets,
relational contracts. The Free Press, New York.

Wintersteiger, Walter (2007): IT-Strategien entwickeln und umsetzen. In: TIEMEYER
2007, S. 39-72.

Wirtz, Bernd (2003): Mergers & Acquisitions Management – Strategie und Organisation
von Unternehmenszusammenschlüssen. 1. Aufl., Gabler Verlag, Wiesbaden.

Wittern, Ulrike (2006): Auf- und Abstieg des Neckermann-Versandes. http://www.hr-
online.de/website/fernsehen/sendungen/index.jsp?rubrik=33620&key=standard_docum
ent_28209718&seite=1, Abruf am 2008-04-10.

Wöhe, Günter; Döring, Ulrich (2002): Einführung in die Allgemeine
Betriebswirtschaftslehre. 21. Aufl., Verlag Franz Vahlen, München.

WTO (2008): Understanding the WTO – what is the World Trade Organisation?.
http://www.wto.org/english/thewto_e/whatis_e/tif_e/fact1_e.htm,
Abruf am 2008-03-26.

Zarnekow, Rüdiger; Hochstein, Axel; Brenner, Walter (2005): Serviceorientiertes IT-
Management. Springer Verlag, Berlin.